原始瓷與印紋硬陶品鑒

潘　军　吕天佑　著

ZHEJIANG UNIVERSITY PRESS
浙江大学出版社

图书在版编目（CIP）数据

原始瓷与印纹硬陶品鉴 / 潘军，吕天佑著．-- 杭州：浙江大学出版社，2022.1

ISBN 978-7-308-22251-8

Ⅰ．①原… Ⅱ．①潘… ②吕… Ⅲ．①原始瓷器－鉴赏－中国②几何印纹陶－鉴赏－中国 Ⅳ．①K876.3

中国版本图书馆CIP数据核字(2022)第004805号

原始瓷与印纹硬陶品鉴

潘　军　吕天佑　著

责任编辑　赵　静　冯社宁
责任校对　董雯兰
封面题字　潘　军
封面设计　林智广告
出版发行　浙江大学出版社
（杭州市天目山路148号　邮政编码 310007）
（网址：http: //www.zjupress.com）
排　　版　杭州林智广告有限公司
印　　刷　浙江海虹彩色印务有限公司
开　　本　787mm× 1092mm　1/16
印　　张　13
字　　数　200千
版 印 次　2022年1月第1版　2022年1月第1次印刷
书　　号　ISBN 978-7-308-22251-8
定　　价　80.00元

浙江大学出版社市场营运中心联系方式：0571-88925591；http：//zjdxcbs.tmall.com

序

事实证明，人类制瓷的源头在中国。

至迟在三千多年前的商代，中国大地上就广泛出现了人工施釉、高温烧成的“原始瓷”。这是一次承前启后的革命，而这次革命的前奏是早先生产并流布的“印纹硬陶”。作为姊妹产品，印纹硬陶与原始瓷不仅在制作、装饰工艺上相似，而且都采用比普通陶土更细腻的瓷土（瓷石）作原料，这是质的升华。基于瓷土的致密性，印纹硬陶与原始瓷的制作需要革新窑炉以提高烧成温度，由此产生了“龙窑”，而龙窑的产生又极大提高了窑炉的装烧量，促进了制瓷业的发展，并不断满足了社会生活的需求。相比于印纹硬陶，原始瓷表面因施釉而更显洁净、美观，也更高级、耐用。在此基础上，我国先民不断精选材料，革新技艺。东汉末年，以浙江上虞小仙坛为代表的窑址生产出成熟青瓷。

多年来，尽管就原始瓷的主产地存在着“南北之争”与“南南之争”，但近十年的考古发现足以证明浙江是中国也是世界制瓷史上一个重要的“瓷之源”。所以，基于浙江，兼顾周边，正是原始瓷与印纹硬陶研究的好基地。

由于新时期社会建设事业的大发展，原始瓷与印纹硬陶出土量空前，除部分庋藏于国家文博单位外，社会层面的收藏颇丰。相比于其他陶瓷品种，原始瓷与印纹硬陶看似曲高和寡，但其质朴的造型、古雅的纹饰以及居于源头的历史文化魅力越来越引起社会的关注与重视，爱好、收藏、研究者与日俱增。由此而来的问题便是我们更需进一步科学、系统地了解原始瓷与印纹硬陶的缘起、生发、沿革等深层次内涵，同时基于社会鉴赏与收藏的现状，还应对其造型特点、装饰工艺等审美因素及修复、作伪等现象作相应的考察。

我和吕天佑分别是大学教师和机关公务员，出于对区域古陶瓷文化艺术的热爱与珍视，鉴藏、交流原始瓷与印纹硬陶十数载，与古为徒，倾心倾囊，乐此不疲，并积累了诸多研究心得。我们在此书中除收集、整理了大量现阶段学术界关于原始瓷与印纹硬陶的最新考古、研究成果外，还专题图例，揭示了当世各类原始瓷与印纹硬陶的辨伪、识修等方式方法，对广大古陶瓷鉴藏爱好者而言，应该具有理论提升与实践指导双重价值。

《论语》有言“知之者不如好之者，好之者不如乐之者”，诚非谬也。是为序。

潘 军

二〇二一年八月十九日

目录

CONTENTS

上篇 原始瓷与印纹硬陶品鉴基础理论

下篇 原始瓷与印纹硬陶品鉴实例解析

原始瓷与印纹硬陶品鉴基础理论

原始瓷与印纹硬陶品鉴

一　探寻人类瓷艺的源头

2008 年 4 月 24 日、25 日，中国的青瓷史将永远记住这两天。由故宫博物院、浙江省文物考古研究所、中国古陶瓷研究会、德清县人民政府联合主办的“瓷之源：原始瓷与德清窑学术研讨会”在德清县武康镇举行。经过两天的主题报告、考古发掘现场考察、出土原始青瓷标本观摩和来自中国、日本、韩国等地 80 多位知名考古专家学者的讨论与交流，会议最终认定：浙江省德清县是原始瓷器的重要诞生地及中心产地之一。至战国时期，原始瓷烧造达到了当时的最高工艺水平，德清作为中国“瓷之源”可谓实至名归。

这次极具学术价值的研讨会及其研讨结论可谓一石激起千层浪，它再次将陶瓷界争议了半个多世纪的中国瓷器源头问题研讨推向了一个更新更热烈的境界。同时，国内外对原始瓷的关注、研究和鉴藏也正在步入一个空前热情的时期。

要知道，作为中国瓷器鼻祖的“原始瓷”同时也是人类瓷艺品种的源头，它是世界上最早的瓷器。中国瓷器在人类文明史上的一个重要意义在于：当全世界还在普遍使用陶器时，中国早已出现了一种用不同于陶质的特殊土质，即白色细腻的瓷土烧成的产品，这就是

德清火烧山窑址鸟瞰

火烧山窑址出土的春秋原始瓷鼎

郑州出土的商代原始瓷尊

“原始瓷”。从创造发明角度看，中国烧造瓷器先于朝鲜半岛 2000 年，而比日本和欧洲则至少早了约 2600 年，甚至更早。

“原始瓷”的独特价值还在于它证明了中国烧制瓷器的历史大约始于中原夏商之际，距今至少有 3500 年。从原始瓷发展到成熟青瓷，大约在东汉中晚期，距今不足 2000 年。换句话说，原始瓷的生产有 1500 年以上的跨度，从时间上看，几乎占了半部中国瓷器史。

由上可见，对“原始瓷”的关注和研究在国内外瓷器鉴藏领域具有穷根溯源的终极价值，其重要意义不言而喻。

那么，“原始瓷”具体内涵又是什么？它产生于何时？主产地又在何处呢？

中国原始瓷最早发现于 1929 年。在河南安阳小屯殷墟发掘中，与甲骨文、印纹白陶相伴，出土有原始瓷器的碎片，当时它们被称为“釉陶”。这是迄今为止中国正式考古发掘中最早发现的原始瓷器，其时代为商代晚期亦即考古学上的“殷墟期”。此后，郑州二里岗等商代遗址中又有这类遗物出土。1960 年，河南考古研究所的安金槐先生撰文阐述这类遗物就是瓷器，其理由主要是它们的器胎是由高岭土制作的，并且有釉。当时，有不少学者以现代瓷器的器胎必须具有半透明感为依据，仍认为这类器物应该是釉陶或硬质釉陶器。此外，还有第三种意见认为是半瓷半陶器，于是争论就展开了。

明显的是，殷周时代的青釉器与无釉的陶器乃至施有低温铅釉的陶器有质的不同，但是它们毕竟不能与魏晋尤其是唐宋以来的青瓷和白瓷相提并论。如果把前者说成瓷器，那么我国陶瓷史上极为辉煌的时代——唐宋特别是宋代的窑业成就有何进展可言呢？结果，

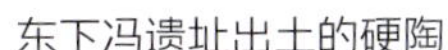
东下冯遗址出土的硬陶

马桥遗址出土的带釉壶

考古学上的争论实质上就变成了窑器分类标准的争论了。后来几经商榷，学术界使用了双方都能接受的一个概念——即20世纪60年代以后出现在考古界的所谓“原始瓷”。由于这个概念经常被考古界使用，甚至外国学术界也有了相应的译名，既然被多数人接受，习惯成自然了，争论也就渐渐地平息了。

半个多世纪以来，伴随着中国考古发掘不断取得举世瞩目的成就，原始瓷出现的时间也不断向前推移。1980年前后，当学术界逐渐接受了“原始瓷器”这个概念的同时，也接受了它们产生于商文化二里岗期的说法。《中国陶瓷史》这部代表了1980年以前中国古陶瓷研究标志性成果的著作即采用了这一观点。该书认为，中国“大约在公元前十六世纪的商代中期创造出了原始的瓷器”。这个结论在此后一段时间内成为中国古陶瓷研究者的共识。

但是，近20余年来的考古新发现和物理化学测试结果却对上述结论提出了挑战。1980年，在山西夏县东下冯龙山文化遗址的第三层，即龙山文化晚期文化层的遗物中发现了20余片着釉标本，它们胎色多呈青灰色，质地坚硬，有的断面较粗，有气孔；器表施青绿色薄釉，胎釉结合比较紧密；器形有罐、钵等；有的器物表面还饰有篮纹和方格纹。诸多学者均认为，东下冯遗址的这些青釉器物应属于“原始瓷”。而东下冯龙山文化晚期的年代，经碳14测定为公元前2000年左右，正在夏代纪年范围内。

1993年以来，上海市的考古工作者对上海市闵行区的马桥遗址进行了大规模发掘，其中也出土了不少着釉标本。中国科学院上海硅酸盐研究所和上海博物馆的研究者用电子探针和X荧光分析仪对马桥遗址中出土的着釉标本的化学组成进行了测试分析，用光学显微镜观察了它们的显微结构，并用高温膨胀仪测定了样品的烧成温度，最终确证：在距今3900年至距今3500年的上海马桥遗址中已经出现了世界上最早的高温釉陶瓷器物，其烧成温度为1150℃～1180℃，而且不仅有青釉，还有黑釉，致使对我国陶瓷釉起源的认识向前推进了500多年。

这些最新的考古发现和自然科学测试成果，推进了中国原始瓷器的研究，也把这一重要陶瓷品种出现的年代提前了不少。比它们稍晚，在商周时期遗址和墓葬中，被发现的原始瓷器日益增多，并且已经形成了明确的发展序列。

从根本上讲，原始瓷与陶器的最大区别在于原料不同。陶器是用易熔黏土（陶土）烧制的，这些粘土中氧化硅和氧化铝的含量较少却含有较多的助熔物质，特别是Fe_2O_3的含量一般为6%左右，高者竟达10%。这就使得陶器的烧成温度一般在900℃左右，高者也不过1000℃左右，如果超过该限度，陶器就会变形或成熔融状态。而原始瓷以富含氧化硅、氧化铝的瓷土作胎，正是对这种材料的认识和使用，才使其烧成温度可以提高到1200℃～1300℃。由此可知，瓷器的发明确非易事。瓷土和瓷石是呈风化或半风化状态的矿物，它们虽分布较广，却不是随处可见、轻易可得，需要具有丰富经验的窑匠去寻觅和识别。因而从某种意义上讲，制瓷业的发展与瓷土、瓷石的探矿活动密不可分。

有了瓷土作胎，还得高温烧成，这有赖于不断改进、发展的制窑技术。我国最早烧造陶器的窑是一种"升焰式圆窑"，发明于新石器时代中期，主要分布在黄河流域。升焰式圆窑最大的优点就在于把火焰限制在特定的燃烧室内，从而使热量聚集，提高了陶器的烧成温度，轻而易举地超过900℃。考古测定的数据显示，有些晚期升焰窑已经能达到1200℃的窑温。升焰式圆窑进一步发展，到了商代，我国北方的"馒头窑"和南方的"龙窑"成为普遍的窑炉形制。尤其是南方的龙窑因地制宜，依山而建，在采用了投材孔火膛移位技术后，不仅窑内温度、气氛较易控制，而且极大提高了窑室的装烧量，这对提高原始瓷的产量意义重大。根据考古资料显示，迄今为止我们所发现的最早的原始瓷窑址是2000年发掘的江西鹰潭角山商代窑址群，其窑址面积达3万余平方米，其中既有馒头窑，又有龙窑。而2007年发掘的浙江德清火烧山窑址则是一处西周晚期至春秋晚期的原始青瓷窑址，是我国目前已发掘的最早的纯烧原始瓷的龙窑窑址。

当然，原始瓷的重要属性还得有釉，并且应该是人为施釉。那么，釉是如何被发明的？

一般认为，古代窑工是从烧窑时落在坯体上的草木灰形成"自然釉"的现象中得到启发而发明釉的，即烧窑时飘落到坯件上的草木灰中含有较多的氧化钙等助熔物质，使得落

瓷土矿（制瓷原料）

福建浦城猫耳弄山商代龙窑

灰处的胎体表面熔融出光亮透明的“釉层”。因此，草木灰就成了窑工们普遍使用的主要制釉原料。涂在坯体表面的草木灰降低了坯体中碳酸钙的熔点，从而形成了同坯体一次烧成的高温釉。后来，窑工们在草木灰釉的基础上再添加些普通粘土、石灰石质黏土或石灰石，就发明了石灰釉，并一直沿用到北宋以前。从化学角度看，釉是一种硅酸盐，施釉在素胎上，经过一定温度的焙烧而熔融；温度下降时，形成连续的玻璃质层，或形成一种玻璃体与晶体的混合层。釉的发明和使用，是原始瓷器出现的必备条件。商周原始瓷器的釉色呈黄绿色或青灰色。根据化学分析，证明当时的釉就是石灰釉，CaO 的含量普遍在 16%左右，个别的也可能高达 20%，可能都是用石灰石质黏土配合而烧成的。由于粘土内含有或多或少的铁质，所以釉中也含有 2%左右的 Fe_2O_3。根据窑炉内氧气含量多少，原始瓷若是在还原气氛中烧成，则釉色显青色或青绿色；若是在氧化气氛中烧成，则釉色明显偏黄。比之陶器制品，原始瓷胎质结实，加上施釉工艺，显得既美观又清洁，因此它一经问世便被贵族阶层当作一种使用价值很高的珍贵器物所享用，并得以广泛传播。

此外，我们还得考虑原始瓷的制作技术问题。一般来讲，最早的可操作性强的制陶方法是“泥条盘筑法”，即将粘土搓成条状，根据制作器物的基本形状一圈圈盘旋上升，再用手蘸泥浆在器物内外抹拍成型。这种制陶方法很可能受到了人类用草绳、藤条等编制器物的启发。结合实物，我们发现，直到春秋时期，原始瓷及其姊妹产品印纹硬陶还在采用近似此类的方法成型。只不过与泥条盘筑法制陶稍有不同的是，原始瓷与印纹硬陶多用的是依据器物形状，将坯泥做成一大圈一大圈对接上去的“圈筑法”。

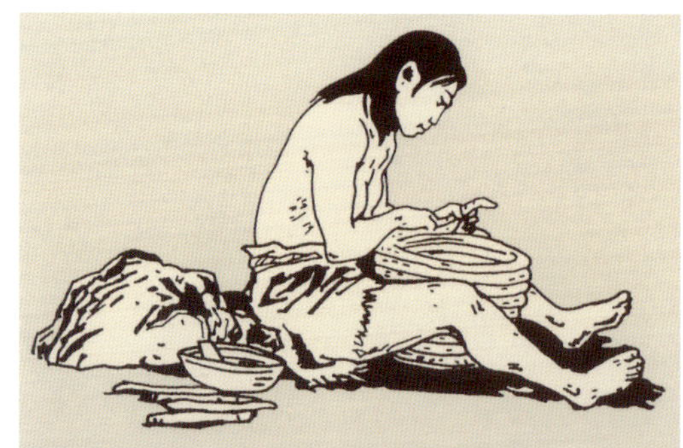

“泥条盘筑法”制陶工艺

陶车

当然，早在新石器时代中期，“陶车”就发明了。它是一个圆形的操作台，台面下的中心处有一个圆柱型的窝可置入转轴，圆台围绕着轴可作平面圆周运动。将陶坯置于工作台面的中心，推动台面旋转，便可用手或借助工具对器形进行修整。陶车的出现可以看作是陶器制造业规模化的象征，它极大提高了陶器的生产能力，甚至造成了某种作坊与社会分工的产生。而且，陶车的使用对于制作陶器所用的泥料也有了更高的要求。陶坯的泥质必须均匀、细腻，而且有相当的湿强度，只有这样，才能在陶车的惯性旋转中利用坯泥的离心力，把器壁修整得圆滑规整。

依据考古资料，结合同时期实物研究，我们发现，商代到春秋早期的原始瓷成型工艺是在慢轮上以圈筑法为主，修整粗糙，内壁旋纹均不甚规整，当然西周早期也有很多小件原始青瓷采用慢轮拉坯法制作，弦纹明显；而春秋中期以后的原始瓷已结合使用快轮技术，器壁渐趋轻薄，器形、内壁及底纹趋于规整，外底出现线切割痕；春秋晚期以后的原始瓷则已完全采用快轮技术了。

当我们基本明晓“原始瓷”为何物，大致产生于何时及其基本制作工艺后，还有一个不得不提及的问题是，原始瓷的主产地在哪里？事实上，这也是一个古陶瓷界争论了半个世纪的大疑问。

据目前公布的考古材料显示，原始瓷在我国南北方均有出土。其中北方地区主要见于黄河中下游的河南、陕西、山西、山东及河北等省份，南方地区主要见于长江下游的江西、江苏、安徽、浙江、福建和湖南、湖北等省份。大体说来，原始瓷在夏代和商代前期多见于北方地区；商代后期至西周中期，南北方均见；西周后期至战国时期，南方达到了鼎盛，而北方地区则基本绝迹。

关于商周原始瓷器的产地，至今仍存在着较大的争议。争论的焦点在于河南、陕西等北方省区出土的原始瓷器或瓷片标本到底是南方生产还是北方生产的。这两种对立观点可以简单概括为“（北方出土的原始瓷）南方出产说”和“（北方出土的原始瓷）北方出产说”或“多地区生产说”。

“南方出产说”最早在20世纪60年代初已经提出。周仁等先生在对陕西张家坡出土的原始青瓷标本进行测试后认为，它们与安徽屯溪出土的原始瓷青釉的化学组成非常接近，因而认为其产地可能是在南方。有的研究者根据物理化学测试结果，更进一步提出洛阳等地出土的西周原始瓷的产地很可能在浙江省。近年来的一些研究成果特别是附有理化测试数据的成果也基本都支持“南方出产说”。有的研究者在不否认原始瓷器“多地区生产说”的同时，根据现有的测试数据，认为目前商代各遗址出土的原始瓷器很可能是由南方某个地区生产的。有的研究者还结合江西角山窑址的发掘资料，认定中原地区商代印纹陶和原始瓷的产地应在以江西为中心的南方。由李家治先生主编，于1998年出版的《中国科学技术史·陶瓷卷》也得出这样的结论：“原始瓷的化学组成特点和它与南北方陶器和瓷器的关系都只能得出北方出土的原始瓷，也包括少数北方出土的印纹硬陶都应是利用南方盛产的瓷石类原料在南方烧制的。”此外，支持“南方出产说”最主要的还有一点是：北方地区至今未发现任何一个商周时期生产原始瓷的窑址。而且，北方地区直到北朝才开始能够生产较高质量的瓷器——白瓷，而南方地区则在大量生产原始瓷的龙窑烧造技术基础上，于东汉晚期就能熟练烧造成熟的青瓷了。

“北方出产说”或“多地区生产说”则与上述观点针锋相对，认为北方出土的商周原始瓷器应该是在北方烧造的。安金槐先生在认定郑州出土的商代高温釉器物是瓷器而不是釉陶的同时，还进一步认为郑州商代瓷器不是从其他地方运来的。他在20世纪60年代曾说：“郑州附近盛产制瓷器的高岭土和釉料，就地取材制作瓷器，是有利的条件。”而且郑州

安徽屯溪出土的西周原始瓷执壶

产于江浙的汉代原始瓷“鸟虫纹”壶

商代瓷器与同期陶器的器形、纹饰关系都十分密切；更重要的是，他又说：“在郑州商代遗址中曾发现两片被烧裂的残瓷片，如果商代瓷器是由遥远的外地输入的话，难道能把烧毁的瓷器也一并运来吗？所以这些瓷器应当是在郑州附近制造的。”江西省的研究者在把江西清江吴城和河南郑州二里岗、安阳殷墟、陕西长安张家坡、安徽屯溪等地出土的原始瓷器的釉质釉色、器物造型以及它们的化学组成、烧成温度等方面进行对比后认为，“地处南北的商代遗址中出土的原始瓷器，其胎骨原料都是用化学元素相近的瓷土烧成，而且表明它们对瓷土的提炼技术也大致是相同的”。也就是说，当时南北各地的原始瓷器都应该是各自在当地烧造的。也有的研究者把河南洛阳出土的原始瓷器和陕西等地出土的原始瓷器从器形、器类方面进行了比较，认为洛阳等北方地区出土的商周时期原始瓷较多，而且它们之间的器形和种类“非常接近”，而与江苏、安徽、福建等南方省份的原始瓷“有很大差别”，因而对洛阳西周原始瓷是由南方传入的观点提出了质疑。就原始瓷器的产地问题，还有人在南北两大区域之下，按不同时段进行了分析研究。

关于中国北方在商周时期是否能够生产原始青瓷，确实尚待更多的资料来验证，目前还很难得出确定的结论。但是，同时至少还有以下几个关键性的问题不容忽视：

首先是窑址问题。我们当然不能因为北方没有发现商周时期的原始瓷窑遗址，就断然否定商周时期北方生产原始瓷器的可能性，特别是对于郑州商代遗址中发现的被烧裂的残破原始瓷片，"南方出产说"很难作出合理的解释。但窑址资料毕竟是最确凿无疑的证据。北方地区在这方面应该作主动的、有意识的考古调查，今后或许会有突破性的收获。

其次是被测试标本的选择标准应该考虑到被测试标本的涵盖面。也就是说，对于不同地点出土的标本应该都有所关照；同时还应该考虑到同一地点被测试标本的数量问题。选点不全面、测试标本数量过少都容易引起持相反观点研究者的异议。只有被测标本的选择无懈可击，测试结论才不会出现大的偏差，才会更令人信服。换句话说，我们应该充分尊重各种自然科学手段得出的测试结果和由此而得出的结论，但在被测标本的选择上却应该更多下一番功夫，特别是依赖古窑址标本及各地早期窑业制品微量元素建立数据库尤为必要。

关于原始瓷产地问题，除以上的"南北之争"作为主要焦点外，其实还有个"南南之争"问题，即南方地区的原始瓷又发源于何地何处？这涉及江西、浙江、福建等出土原始瓷较多的几个省份。江西自 20 世纪 70 年代以来，连续在吴城、角山、靖安等地发现了一批原始瓷及窑址，其中春秋时期的原始瓷器物，如杯等明显可见拉坯成型的痕迹。江西发现商周至战国原始瓷比浙江要早。1973—1975 年在江西清江吴城发现商代原始瓷窑址；2000 年，鹰潭角山商周窑址考古发掘又发现了商代至西周晚期的原始瓷，同时也发掘出了窑炉（有"龙窑"，也有"马蹄窑"）。这又一次充实了江西作为南方原始瓷生产源头的证据。而以浙江德清为中心的东苕溪流域商周时期原始瓷窑址则有其突出的四个特点：一是出现时间较早，持续时间最长，序列最完整；二是窑场规模大；三是产品种类丰富；四是产品质量高。有不少学者认为，这四方面综合构成了以德清为中心的东苕溪流域在中国制瓷史上的首个高峰。

这两件分别出土于河南和陕西的西周原始瓷的产地到底在哪里

此外，浙江省博物馆研究员王屹峰从生产地证据入手，依据对原始瓷窑址大量的考察、分析，认为原始瓷窑址均发现于南方地区，目前可以肯定的是只分布在两个省份，除了江西鹰潭的角山窑址，其余都在浙江境内的太湖至杭州湾区域，大约有 170 余处。并进而提出，南方原始瓷的发源地应该在浙、赣、闽三省交界地区，同时还表明了南方原始瓷主产地的迁移、发展过程：从已经发现的原始瓷窑址考察，分布情况是时代最早的角山窑址位于浙江、江西、福建交界的信江流域；次早和最晚的湖州、德清一带窑址，全部集中在东苕溪流域的天目山余脉；介于次早和最晚之间的，除了东苕溪流域，还分布于钱塘江以南的浦阳江流域至曹娥江流域间的会稽山余脉。这种时空上的先后与越人特有的土墩墓在分布、迁徙及时代上的规律几乎完全重合。土墩墓的主要随葬品为原始瓷，而原始瓷也主要出土于土墩墓。可以说原始瓷窑址是随着土墩墓族群，从浙、赣、闽三省交界处，自南向北迁徙到浙江境内的太湖至杭州湾区域，首先落脚于东苕溪流域，大约到了春秋中晚期，也就是越国最强盛时期的前后，其中一部分向南跨过钱塘江到达句践都城（今绍兴）附近，如已发掘的前山窑址等，且南进的部分只烧制到战国早期，越国迁都琅琊前后又突然消失。

浙江境内目前发现的原始瓷窑址最早的是位于钱塘江以北、湖州南部的黄梅山窑址和邻近的老鼠山窑址，时代相当于商末西周初期。西周早中期的窑址至今还没有被发现。西周晚期的窑址只在靠近湖州南部的德清境内发现过几处，2007 年发掘的火烧山窑址就是其中最著名的一处，发掘面积近 900 平方米，揭露窑床 3 条、灰坑 10 多个。火烧山窑址是目前已发掘的最早的纯烧原始瓷的窑址，其时代跨度较长，从西周晚期一直延续到春秋中晚期，出土原始瓷器物器型丰富、装饰工艺多样，除生活器具外，也烧造仿青铜礼器。火烧山窑址不仅是迄今发掘的全国唯一一处最早利用山坡筑窑烧制原始青瓷的窑炉遗迹，它还可能是向成熟龙窑过渡阶段的形态，对于探索我国早期青瓷的烧造技术具有极其重要的意义。同时期，考古工作者从德清亭子桥战国窑址中也揭露了 7 条窑炉遗迹，其中二号窑保存基本完整，分窑床与火膛两部分，通斜长 8.7 米。亭子桥窑址主要烧造原始青瓷，也兼烧少量印纹硬陶，其中出土了大量精美的仿青铜器造型的原始青瓷礼乐器及形式多样的窑具，多数产品胎釉结合良好，物理性状甚至可与东汉成熟青瓷媲美。亭子桥窑址的发掘，也为近年江浙地区战国时期古墓葬如无锡鸿山越国贵族墓、德清梁山战国墓中出土的一大批仿青铜原始瓷礼乐器找到了明确的产地和窑口。

除了德清，在钱塘江以南的萧山、诸暨、绍兴、上虞等地也发现了大量从春秋中晚期开始建造的窑址。钱塘江以南烧制原始瓷的范围虽然略广，但是烧造时间很短，大约在战国早期以后就停止了，而德清一带窑址至少到战国中晚期仍在继续烧造原始瓷。之后一直到东汉中晚期，即早期越窑青瓷烧造之前，原始瓷经常出土于同期的墓葬中，但尚未发现过窑址。

概括而言，在南方地区发现的大量出土原始瓷器的商周两汉时期遗址和墓葬，集中分布于四大区域、七个时期。具体而言，四大区域是指原始瓷集中分布于太湖—杭州湾地区、赣鄱流域、黄山—天台山以南地区（南抵闽浙赣交界处）和苏南的宁镇地区，七个时期基本可分为夏代晚期商代前期、商代后期、西周早中期、西周晚期至春秋早中期、春秋晚期至战国早中期、战国中晚期和两汉时期。

笔者 2007 年 5 月带领学生考察德清火烧山窑址。（图 1 右 1、右 2 分别为浙江省文物考古研究所任世龙研究员、郑建民研究员；图 2-6 为现场出土原始瓷残件、残片及部分烧造工具。）

1	2
3	4
5	6

笔者 2007 年 12 月带领学生考察德清亭子桥窑址所摄现场出土原始瓷、印纹硬陶残片、残件及部分烧造工具

二　原始瓷与印纹硬陶的生产关系

如前所述，虽然目前还不能一致认定原始瓷最初究竟是如何起源的，但可以确定的是，原始瓷的生发与印纹硬陶有关。陶器和瓷器确实是两种不同质地的器物，但二者并非毫无关联，印纹硬陶和原始青瓷就是一对关系十分密切的姊妹品种。

冯先铭先生曾说："大量的考古资料表明，南方地区的印纹硬陶逐步与粘土陶器分为两支，一支是粘土陶器，其烧成温度低，属低温软陶；一支是印纹硬陶，其烧成温度高，属高温硬陶，这一支硬陶初步具备了向瓷器过渡的条件，以后逐渐发展为瓷器；瓷器出现后，粘土陶器仍在一些地区烧造，并沿用到今天。"浙江省文物考古研究所的牟永抗先生更直接地指出："印纹陶和原始瓷存在着十分紧密的内在联系，在某种意义上说，原始瓷是从印纹陶中派生出来的。"

之所以称这些硬陶为"印纹硬陶"，与其特殊的制作工艺有关。相比于多见盘、碗等饮食器的原始瓷，印纹硬陶大多是瓮、瓿等盛贮器，器形相对较大，对胎质要求也相对低些。它们常用圈筑法制坯，然后用手蘸水对器物做内外抹平，再在器物内部用垫托具的同时，用陶拍对器物外表进行平整。最早的是用缠了绳索的木拍在未干的陶坯外拍印。虽然当时这么做的本意是想让陶器的器壁坚实均匀，但人们发现这样的陶器外表别有韵味。于是，先民便直接在一些木拍或陶拍的表面雕刻花纹以求产生更多的拍印纹饰。因而称之为"印纹硬陶"。除拍印纹饰外，还有"剔刻花纹"，即用竹、骨等制成的尖锐工具在陶坯上剔刻出曲折纹、圆圈纹、弦纹等，并使之组成连续的花纹图案。它们与拍印花纹风格不同而相得益彰。还有一种在考古学上被称为"附加堆纹"的陶器装饰法，是指将泥饼或搓得很细的泥条用泥浆粘附于陶坯外壁形成的凸起于陶器表面的平行或交叉的各种花纹。

概括地说，印纹硬陶脱胎于一般陶器，但由于其胎质和烧成温度的特异，因而被看作是一种特殊的陶器。一般认为，印纹硬陶再经过胎土的仔细选择、外表施釉、适当提高烧

西周云雷纹印纹硬陶

战国麻布纹印纹硬陶

春秋席纹印纹硬陶

成温度这三个主要步骤，就可以发展成为原始瓷器。原始瓷器脱胎于印纹硬陶，其中高温釉的使用是一个质变性的突破，从而导致了陶器与瓷器的最终分道扬镳。

如前所述，商周时期的原始瓷都是人为有意识地施釉的。但我们对出土的商周印纹硬陶进行观察时，可见到外壁具有极薄的光亮层。这种光亮层分明不是人工所施的釉，那它为何会出现于器物外壁呢？浙江省博物馆研究员李刚认为这与制坯工艺有关。陶坯成型时用手蘸水抹平外壁的过程，使胎料中细小的颗粒较多地分布到了器表，而拍印纹饰的装饰技法又客观地增加了拍印部位的胎质密度，当高温焙烧时，少量的玻璃质便均匀地出现于平滑和密度高的地方，于是形成了薄薄的光亮层。但是，这种光亮层与釉确实毫不相干。

同时，我们发现，部分原始瓷的器表也拍印纹饰，有些纹饰与同时期的印纹硬陶器确实相同。

事实上，原始瓷器与印纹硬陶的关系远不止于此。由于胎土质量相似，烧成温度也相近，二者往往可以同窑合烧。江西、浙江等地的出土资料就屡屡可以证明。浙江绍兴、萧山发现的春秋战国龙窑前段窑室放置原始瓷坯件，后段窑室用于焙烧印纹硬陶。事实上，原始瓷器与印纹硬陶同窑共烧的历史一直持续到东汉时期，当时印纹硬陶彻底绝迹，而原始瓷则已发展为成熟青瓷。

三　原始瓷与印纹硬陶的历史沿革

距今大约 10000 年以前，中国已经有了陶器。这方面比较典型的例证，在中国北方有河北省徐水县南庄头遗址出土的陶片，经碳 14 测定为距今 10800 年至距今 9700 年左右，在南方则有江西省万年县大源仙人洞出土的陶片，经碳 14 测定为距今 10000 年至距今 7600 年左右；作为一个特殊的陶种，印纹硬陶出现的时间要比一般陶器晚得多，是在中国新石器时代晚期，距今大约 4000 年出现的。印纹硬陶首先出现在中国长江中下游流域，黄河流域印纹硬陶出现的时间比较晚。它不同于一般的带有拍印几何纹样的陶器，所用粘土已经不再是一般常见的普通粘土，而是一种质地较纯、氧化铁含量较低的瓷石类粘土，其烧成温度在 1100 ℃左右。印纹硬陶胎体坚硬，叩击声音清脆，而不像一般陶器那样声音浑浊。又因其表面饰有斜方格纹、云雷纹等几何纹样，故而被称为“印纹硬陶”。这个陶种出现以后，在长江流域的商周遗址中有较多的发现，特别是在江西、浙江、福建以及江苏等省最为集中。战国以后，印纹硬陶逐渐走向衰落，到东汉晚期彻底为瓷器所取代。

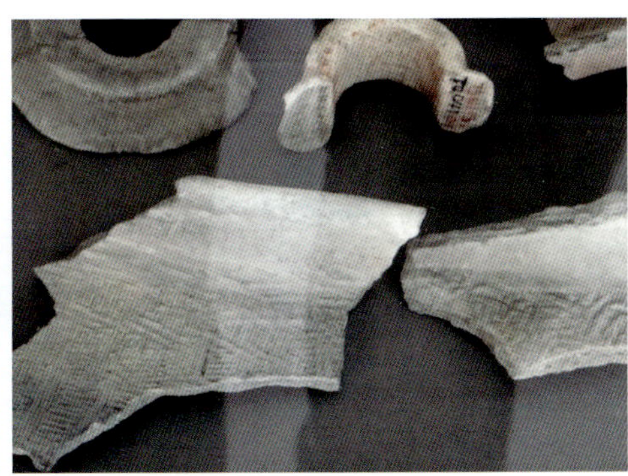

上海博物馆藏江西仙人洞出土陶片

商代的印纹硬陶在长江中下游流域和中原地区都有发现，而以长江流域特别是浙江、江西地区更为多见。中原地区印纹硬陶的出土地点主要集中在河南安阳、郑州一带。此期印纹硬陶的主要器形有尊、罐等，主要纹样有人字纹、云雷纹、叶脉纹、方格纹、回字纹、曲折纹、绳纹等，系拍印而成，器物内壁多有垫窝痕迹。这一时期的印纹硬陶生产已带有比较明显的地域性色彩，主要集中在长江中下游流域。

西周时期的印纹硬陶在长江流域得到了极大的发展，主要器形有坛、瓮、瓿、罐等，高度接近 1 米的坛、瓮类大件的器物也开始出现。器表拍印的纹饰更为丰富，有云雷纹、回纹、曲折纹、菱形纹、波浪纹、夔纹等，有些在同一件器物上施以二至三种不同的纹饰。属于西周时期的印纹硬陶在黄河中下游地区比较少见。

春秋时期的印纹硬陶仍然流行于吴越地区，基本上承袭了西周时期的特色。战国时期吴越地区的印纹硬陶在器形上更为丰富，以瓮、坛、瓿、罐、钵、盂等盛贮器居多。纹饰与以前相比也有了很大的不同，曾经流行的云雷纹、曲折纹已经很少见，常见的纹样变为米字纹、方格纹、麻布纹、回纹等，一些器物的肩部还有堆贴的横 S 纹，两广地区的印纹硬陶上还多带蓖点纹、栉齿纹等。

印纹硬陶最常见的器形都是形体比较大的盛贮器，也有一些碗、豆等小件饮食器。印纹的纹样为凸起之阳纹，系由刻成阴纹的陶或木质印模拍印而成。

同样，尽管还存在不少细节疑问，但根据历年大量考古资料，原始瓷也有个大致的发展沿革：

西周印纹硬陶双系缶

属于商代前期（即大约相当于二里岗期）的原始瓷器或原始瓷片在河南郑州市二里岗商代遗址、郑州市人民公园商墓、郑州商城遗址、郑州市铭功路商墓、郑州杜岭商代遗址、郑州小双桥商代遗址、柘城孟庄商代遗址、河北藁城台西村商代遗址、山东济南大辛庄商代遗址、山西垣曲商城遗址、陕西耀县北村商代遗址、江西清江吴城商代遗址、浙江衢州衢江北区良渚文化至商代遗址、湖北黄陂盘龙城商代遗址、黄州下窑嘴商墓、江陵荆南寺夏至早商遗址等墓葬或遗址中都有出土。商代前期原始瓷的基本特征是：胎体坚硬，胎质比一般印纹硬陶细腻，但仍含有多少不等的杂质，胎色为灰白、青灰或黄白，个别的呈灰褐色；釉层稀薄，薄厚不匀，釉面斑斓，釉色为淡绿色、灰绿色或黄绿色，还有一些为灰褐色；器形主要是大口折肩尊、罐等，有大小、高矮的不同变化；器表有拍印纹饰，纹样主要是弦纹、网格纹等几何纹；器物烧成的火候比较高，胎体大多基本烧结，吸水性很弱。据景德镇陶瓷研究所用高温显微镜测试得知，江西吴城出土的原始瓷标本烧成温度为1150 ℃～ 1200 ℃。

属于商代后期（即殷墟期）的原始瓷器或原始瓷碎片在河南安阳殷墟、安阳苗圃北地商代遗址、安阳铁西刘家庄商墓、辉县琉璃阁南区、山东济南大辛庄商代遗址、滕州前掌大商墓、江西清江吴城商代遗址、清江筑卫城商代遗址、新干大洋洲商墓、抚州市西郊商代遗址、江苏句容城头山商代遗址等都有发现。另外，在年代大体相当于商晚期至西周早期或商周之间的江西新余拾年山遗址、鹰潭角山遗址、江苏吴县南部地区的郭新河和前戴墟等处商代到西周早期遗址、常熟钱底巷遗址等也有原始瓷器或瓷片出土。商代后期原始瓷的考古发现明显多于商代前期，北方地区以河南安阳殷墟出土的数量最多，南方地区在江西吴城等商代遗址也有比较集中的发现。此期原始瓷常见的器形有罐等，也有少量的尊，还新出现了豆和簋。本期原始瓷器的胎、釉、烧成温度等方面与前期相比差别不大，但安阳殷墟等地出土的一些精品，胎质较细，胎色青灰，釉层厚薄比较均匀，外观特征已经与汉晋间的正式青瓷非常相似。

属于西周时期的原始瓷器或其碎片在河南洛阳车站、洛阳庞家沟、洛阳林校车马坑、县辛村 、信阳孙砦、襄县、潢川李老店、鹤壁、平顶山应国墓地、山东济阳刘台子、北京房山琉璃河、陕西长安普渡村、长安张家坡、沣西大原村、岐山贺家村、岐山凤雏村、扶风杨家堡、扶风召陈村、扶风黄堆老堡、宝鸡纸坊头、宝鸡茹家庄、宝鸡阳平高庙村、山西北赵晋侯墓地、甘肃灵台白草坡、江苏丹徒烟墩山、丹徒石家墩、丹徒南岗山、丹阳墩头山、安徽屯溪西郊奕棋乡、浙江衢州云溪乡、义乌平畴、淳安左口、绍兴、德清等地的

西周原始瓷盂

墓葬或遗址中都有出土。西周时期原始瓷的基本特征是：胎质粗细不一，胎色多呈灰白色，胎质粗糙者吸水性稍强，而胎质细腻者则基本不吸水；釉层一般比较薄，浸釉法施釉者胎釉结合较好，而刷釉法施釉者釉层多有剥落；常见的器形有罐、尊、豆等，豆仍占绝大多数，其次是盉、瓶、壶、罐、盘、尊、杯、漏斗、碟等，常见器型主要有敛口深腹豆、敞口折腹豆、鼓腹平底罐或圈足罐、深腹盂等。器物纹饰多见细凹弦纹、水波纹、成双配置的乳丁纹、锯齿形附加堆纹等。在豆和尊的口沿、外腹部常堆贴有几组小泥饼。原始瓷器有刻划符号，碗、豆、盂等器物的外底多见刻划纹，如“山”字形、“工”字形、“×”形和类似箭头的“个”形符号等。据测定，1992 年陕西周原黄堆出土的一件编号为 4 的原始瓷豆火候高达 1200 ℃以上，吸水率低于 1%。总之，无论是器物种类、烧造技术还是产品质量、装饰纹样，西周早中期的原始瓷均迎来了第一个发展高峰。

从上面列举的考古发掘资料可以看出，商周时期的原始瓷器在中国南北方都有发现，特别是河南、陕西、江西、浙江、江苏几省尤为多见。从地域上似乎看不出南北之轻重，但若以遗址或墓葬为单位来衡量商周原始瓷器的出土数量，则南方明显多于北方，而且墓葬的时代越晚，这种差别越明显。1959 年发掘的安徽屯溪的两座西周墓中出土原始青瓷 71 件，占全部随葬品的三分之二强；浙江义乌县平畴的西周墓中共出土随葬品 114 件，其中原始瓷多达 100 件。春秋时期南方墓葬中出土的原始瓷器数量更多。还有一点应该特别指出的是，商周时期的原始瓷器在河南、陕西等北方省份有很多是出土于墓主身份偏高的大墓（如燕侯、晋侯、应侯、井叔等贵族或其宗亲）或都城类大型遗址（郑州商城遗址、郑州小双桥遗址、安阳殷墟遗址等）中，浙、赣等南方省份则不尽如此。这可能意味着原始瓷是当时贵族们才能享用的珍贵物品，较为稀有罕见，同时西周晚期以后北方基本不再出土也可能说明随着西周晚期中原王朝的衰弱和春秋战国中原诸侯的争霸，江南吴越地区原始瓷的进贡或贸易逐渐停止了。

到了西周晚期至春秋时期，原始瓷基本出土于江南地区，本期原始瓷器产品丰富，大部分产品釉色佳，器形规整，部分器物装饰纹样复杂。在施釉上釉浆浓而釉层厚，釉色较深，多呈青褐色或黄褐色，施釉不均匀，凝釉现象严重，垂釉或淌釉常见，有不少器物上有蓝色窑变，到春秋晚期釉色变为较青翠，釉分青绿色、黄绿色和灰绿色。器物种类大为增加，除日常所用的碗、盘、钵、盂、小盂类外，大量出现了仿青铜器的礼器类器物如平底尊形器、大型罐、尊、鼎、簋、卣、盘等。纹饰也多种多样，大多数礼器类器物装饰有繁缛的纹饰：勾连纹、勾连S纹、云雷纹、圆圈纹、菱形纹、锥刺纹、对称弧形纹、水波纹、弦纹、斜方格纹、横“F”纹以及乳丁纹、S形、凹形、绳索形等附加纹饰。原始瓷器有刻划符号，主要见于碗、豆、盂等器物的外底，如刻划有“U”字形、“井”字形、“×”形符号以及“一”“二”“三”等，如安徽六安春秋墓出土的原始青瓷碗外底心刻划“井”字纹符号。在成型技术上，春秋晚期江南地区的原始瓷器普遍使用快轮成型，器物拉坯留下的旋纹相当细密规整，因而器型规整，胎壁减薄，厚薄均匀。总体而言，这是先秦时期原始瓷发展的第二个高峰。

西周原始青瓷盘上的蓝色窑变釉

浙江德清火烧山、亭子桥窑址出土的精美原始瓷残片

春秋以后，原始瓷器更为多见，特别是在浙江、江苏和江西三省有大量发现，原始瓷成为这一地区春秋战国时期随葬品的主流。属于这一时期的原始瓷窑遗址在浙江等地也有更多的发现，原始瓷器的生产已经开始成为集中于江、浙、赣地区的地域性较强的手工业。

战国早期原始瓷既是先秦时期原始瓷发展的第三个高峰，也是先秦时期原始瓷发展的顶峰，战国中期以后随着古越国的灭亡原始青瓷逐渐衰落。战国早期原始青瓷在胎、釉、器型、装饰、成型技术、装烧工艺等诸多方面均达到了原始瓷发展的顶峰。绝大多数器物胎质致密、细腻、匀净，胎色呈稳定的灰白色；施釉均匀，釉层薄，釉色多青中泛黄，少量呈青绿色，胎釉结合良好，基本无剥釉和生烧现象，相当一部分产品烧结温度达到

春秋原始青瓷盘

春秋原始青瓷镇

春秋凤鸟纹铜镇

1280℃以上，叩击声清脆悦耳，釉面匀净莹润，玻璃质感强，质量上乘，已达到东汉时期成熟青瓷的水平；在成型技术上普遍使用快轮成型，除了小型的碗、杯类器物外，大型的罐、瓿类器物也是一次拉坯成型。因为成型技术的进步，器物器型规整，内外壁光洁如一，内底旋纹与外底的弧形线割痕均较细密。在装烧工艺上大量使用托珠支烧具，且形式多样，大件器物和各类礼器、乐器多使用各类支烧具单件支烧，如甬钟、三足鉴、三足缶均是如此。本期原始瓷的器物种类远远超过以往任何时期，除生产日常生活用具外，还大量生产仿青铜器的原始青瓷礼器、乐器、兵器、工具和农具等，几乎涵盖了社会生活的各个方面。纹饰主要见于较大型的器物上，如仿青铜器的礼器、乐器等，以云雷纹和“C”形纹为主，个别器物上有S纹、水波纹；装饰手法有刻画、模印、堆贴等，如原始青瓷器座上堆贴双蛇，句鑃上肩部模印三角纹，内刻画S纹等。同时器物上铺首比较流行，还出现了釉下彩如釉下褐黑彩装饰器物，典型的如战国原始青瓷弦纹褐黑彩瓿。总之，这一时期的器物多体形硕大厚重，大小与青铜器相仿，造型工整端庄，做工精巧细致，纹饰精美，胎质细腻坚致，釉面匀净明亮，产品质量已达成熟青瓷的水平，堪称原始青瓷中的精品。

商周时期原始瓷器的窑址目前发现得不多，而且主要集中在南方几省特别是浙江。1986年10月，在江西吴城遗址的第六次发掘中，确认其中比较完整的6号龙窑为商代晚期原始瓷器烧造遗存。此外，在江西鹰潭市郊的角山，发现有相当于商代晚期至西周早期

战国原始青瓷釉下褐彩瓿

战国原始青瓷鼎

的原始瓷窑遗址。而前文提及的近年在浙江省德清县发掘的窑址有 150 多处，其中西周晚期到春秋晚期的火烧山窑址和战国时期的亭子桥窑址更是确凿无疑地表明了当地使用龙窑烧制原始瓷器的辉煌历史。但遗憾的是，目前还没有发现西周早中期及两汉时期的原始瓷窑址。

四 原始瓷与印纹硬陶的鉴藏价值

如前所述，原始瓷是人类历史上出现最早的瓷器，印纹硬陶的使用和普及对原始瓷的产生更具有启发与推进意义。从这层意义上讲，对原始瓷与印纹硬陶的鉴藏在古陶瓷收藏、研究领域具有穷根溯源的重要价值。

一般而言，艺术品鉴藏尤其是古代文化艺术产品鉴藏，都有一个从距今稍近年代（比如民国晚清）入手，渐次向更古早时期（比如明代、元代、宋代甚至更古远）追寻、发展的过程。主要原因除了距今稍近年代的物品相对易得易辨之外，其文化信息和审美特征与当下亦较接近，对初学者而言，在“入门”这一关上比较便捷。此后，随着收藏认知的加深与审美判断的提升，特别是对古器物内蕴的历史文化信息的探求欲，往往促使鉴藏者沿着收藏品种的生产制作历史做“倒推式”的鉴藏与研究。从一定意义上讲，只有对某种古器物进行穷根溯源式的研究与鉴藏，才能对各时期该类型的古器物做出科学合理的判断与评价，而这正是一个真正鉴藏家应该具备的素养。

老庄有言“大美不雕”。具有耐人寻味的深层次美感的古代器物往往不是靠繁复的器型和花哨的纹饰来吸引眼球，后者只是当下喧嚣艺术品市场的暂时“宠儿”。古代文化艺术品尤其是高古时期的源头产品，仅仅简洁的造型和朴素的外表就足以令真正的鉴藏者驻足忘返，心驰神往。我们可以近代书画大家吴昌硕的故事为例来见证原始瓷与印纹硬陶的文化魅力。他当年从朋友处获得先秦时期的一个印纹硬陶缶（古代一种大肚子小口儿的盛酒瓦器），竟高兴得把自己的斋号改为“缶庐”，进而把自己的名号也改成了“老缶”“缶翁”。

虽然对于艺术品投资市场来讲，器物制作材料的珍稀与制作工艺的精美往往是首选条件。但是，对真正的古代艺术品鉴藏者而言，冷静而深层次地品味高古器物的历史文化丰厚积淀是必须而又难得的实践过程。

由于先前出土数量与考古研究等原因，相对于古陶瓷其他品种，原始瓷与印纹硬陶的鉴藏与研究目前才开始兴起。所以，对于古陶瓷鉴藏者而言，收藏、研究原始瓷与印纹硬陶更具有学术价值和开创意义，也相对更容易获得鉴藏、研究成果。事实表明，由于地层叠盖，埋藏较深，原始瓷与印纹硬陶是在我国改革开放后地区经济大发展，地方基础建设事业如高速公路、重大建筑项目等蓬勃推进时期大规模见世的。因此，相比于其他鉴藏门类，原始瓷与印纹硬陶的民间收藏与官方文博机构馆藏几乎是从同一起跑线开始的。也正如此，目前我国所有古代文化艺术产品门类中，民间藏品能完全与文博机构馆藏相媲美、相抗衡，甚至超越后者的，恐怕就数原始瓷与印纹硬陶了。而且，随着地方基础建设的基本到位及文物执法与保护力度的强化，今后原始瓷与印纹硬陶精品不可能再像前一阶段那样大规模地出现在一般收藏市场。从这意义上讲，现今是原始瓷与印纹硬陶鉴藏和研究的正当时。

由于我国文物保护与艺术品拍卖等法律的限制，目前，原始瓷与印纹硬陶不能进入拍卖流通领域。但是，随着人们文化艺术素养的普遍提升，尤其是审美能力的不断提高，原始瓷与印纹硬陶必将被更为广泛的人群所关注。那些此前已出现并存留在民间的原始瓷与印纹硬陶理应在国家政策及法律法规允许的范围与途径内合理流通，其中的精品也必将像国外鉴藏和拍卖机构那样，获得令人赞叹的市场肯定与经济回报。

吴昌硕及其珍视的印纹硬陶缶

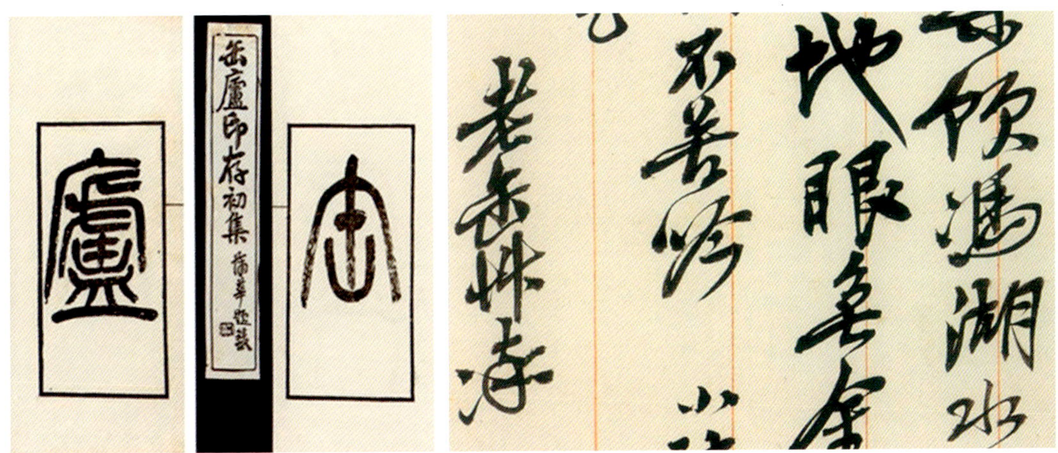

吴昌硕《缶庐印存》及“老缶”自题

五 原始瓷与印纹硬陶内蕴的古越文明

商周时期活跃在杭嘉湖平原、宁绍平原和金衢丘陵地带的于越人，是先秦中国东南沿海地区百越族群中最发达的一支，是百越族群之首，并于春秋晚期的BC538年最早建立了诸侯国——越国，允常为第一代越王，后从其子句践称霸中原至越王朱勾（即州句）、翳直至BC333年末代越王无疆败死失国，立国205年，前后经历11代越王。在古于越人的一系列生存、发展、立国、争霸的过程中，他们巧用泥土发明烧制了原始瓷和印纹硬陶，充分体现出于越人勇于开拓与善于创造的民族精神。不仅如此，于越人还在原始瓷和印纹硬陶上保留了本民族的文明符号，打下了深深的民族烙印，具有鲜明的文化特征；同时，于越人还用原始瓷仿制中原地区的青铜礼乐器随葬，保留了于越人不陪葬青铜礼乐器的葬俗传统，成为于越族鲜明文化特点中的一项重要内容。

1. 于越人伟大的原始瓷发明与随葬原始青瓷不随葬青铜器的独特葬俗文化。众所周知，商周时期的青铜礼乐器承载着等级、地位和权力的象征意义，是只有贵族阶层才能拥有的重器。于越人用原始瓷仿制青铜器有两个高潮：一为立国前的西周晚期春秋早期；一为立国后的春秋晚期战国早期。但是，于越人在建国前和建国后均没有用青铜礼乐器随葬的现象，反而是用仿青铜原始青瓷礼乐器随葬。原因在于古越国贵族用原始青瓷礼乐器代替青铜礼乐器随葬的葬俗在于越族中是普遍流行和存在的习俗，这是古越国有别于其他方国（诸侯国）的特殊葬俗，也是于越族重要的文化特征之一。因此原始瓷在越国及先越文化中具有极其重要的地位，其意义类似于中原地区的青铜器，原始瓷礼器的大量出现与应用，一定程度上代表着越文化的礼乐文明。

2. 仿中原青铜器的原始青瓷礼乐器是古越人古越国接受中原礼乐文明的生动见证，特别是越王句践北上争霸后越国的百年强盛时期更是如此。先秦江南地区于越人用原始瓷仿制青铜器有三个时期两个高潮，三个时期为西周早期、西周晚期春秋早期和春秋晚期战国

于越部族的分布

越王世系

早期，后两个时期又为原始瓷仿制青铜器的两个高潮，尤以春秋晚期战国早期为盛。战国早中期越国王室与各级贵族流行用原始青瓷仿制和应用各类青铜礼乐器，表明越国上下已经深度接纳、融合了以青铜礼乐器为代表的中原文明。其具体特征有三：一是仿青铜器地位显赫，是权力和身份地位的象征，其功能与本地区良渚文化玉器、中原地区夏商周时期青铜器应该相同，都是一种贵重、稀有、精美且作为权力和身份地位象征的显赫物品，只能由越国王室与各级贵族这些地位显赫的人来控制和应用，这正是古越族古越国社会分化和社会复杂化进程的象征。二是仿青铜器工艺成熟、质量精良、形象逼真。此类产品大多按照青铜器的大小进行一比一的仿制，相当一部分产品烧结温度达到1280℃以上，叩击声清脆悦耳，釉面匀净莹润，釉面玻璃质感强，质量上乘，已接近或达到东汉时期成熟青瓷的水平，表明此时原始青瓷的烧造技术已相当成熟。三是仿青铜器随葬入土，与中原葬俗相同，推动原始青瓷的制作水平渐趋巅峰。越国贵族盛行用大量原始瓷礼乐器代替青铜礼乐器随葬的葬俗传统，成为推动原始青瓷生产技术和生产规模快速提高的强大社会动力。古越国的制瓷业规模空前提高，产品质量逐步提升到接近或达到成熟青瓷的水平，原始青瓷制作达到了巅峰阶段，在中国陶瓷史上立下了不朽的丰碑。

3. 原始青瓷体现了中原文化与越文化两大文明系统的交流融合与并存。西周时期，伴随着中原礼制文化对江南地区广泛而持久的渗透，古越族逐渐用原始瓷仿制青铜器的造型和纹饰，并初步形成实用器与礼器的分化，越墓中也开始随葬仿青铜器的原始瓷礼器，这一风俗一直延续到春秋中晚期。到了战国时期，随着句践称霸中原及其子孙仍然保持与中原诸侯的深度融合与交流，古越族和古越国为了获得中原华夏各族一致的文化认同感，开始大量吸收接纳中原的礼乐制度和文化。这样，古越国原始青瓷对青铜器的模仿达到了登峰造极的地步，具体体现在两个方面：一是伴随着原始青瓷烧造技术的成熟和越国礼乐制度的发展，用原始青瓷仿制青铜器的生产迅速增加，特别是既吸纳中原青铜器陪葬传统，又保留古越族传统葬俗的高档次仿青铜原始青瓷的生产迅速增加。二是越国贵族墓中除了随葬大量仿青铜原始青瓷礼器以外，又增加了仿青铜原始青瓷乐器这个新品种，专门用于墓葬的乐器明器也开始成组成套地被制作和随葬。当然，这也使得越国贵族墓不随葬青铜礼乐器的特殊葬俗更加彰显无遗。这一现象生动形象地说明：一方面，中原礼乐文明在古越国礼制形成和发展的过程中产生了深刻的影响，越国开始接受中原的礼乐制度和文化；另一方面，越国人也顽强地保留了古越族群用原始瓷随葬的文化传统。如无锡鸿山越国贵族墓出土的乐器可分为仿中原系统与越系统两大体系：仿中原系统的有青瓷甬钟、鑮钟、编磬等，越系统的有錞于、句鑃、丁宁（钲）、铎、缶、悬铃等。可以说，仿青铜原始青瓷礼乐器正是中原文化与越文化两大文明系统交流融合与并存共生的生动体现，也是古越国礼乐制度的一种物化载体。

4. 原始瓷器上大量的刻画符号或许是吴越地区文字起源的重要线索。学术界一般认为我国最古老的成熟文字是距今 3600 年的殷墟甲骨文，而主要出现在长江中下游的商周时期

战国原始瓷錞于

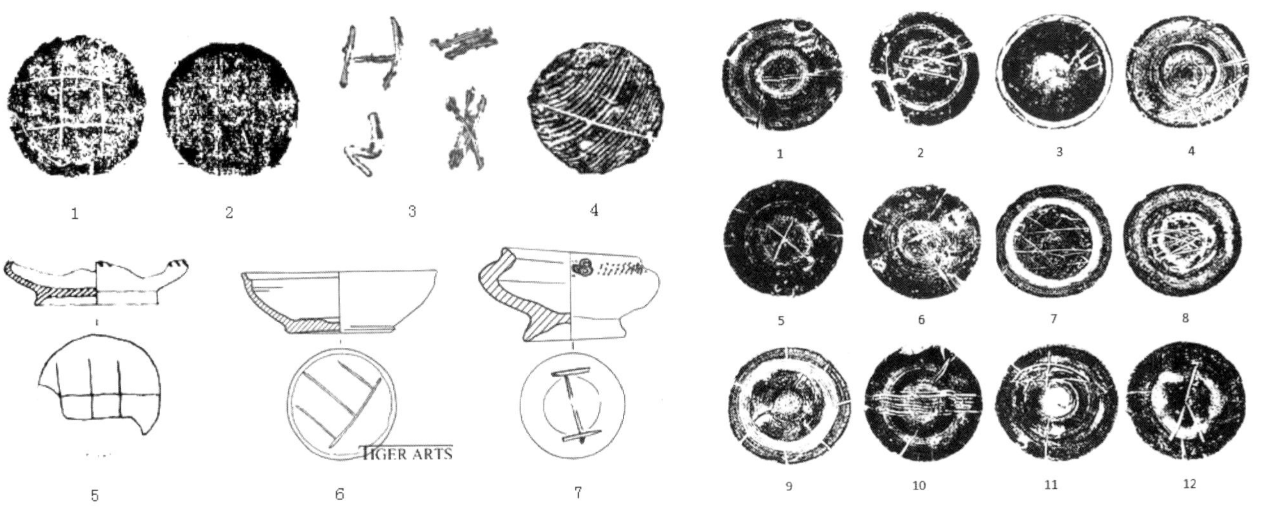

安徽地区发现的原始瓷器刻符

原始青瓷、印纹硬陶上大量的刻画符号，目前出土发现的基本上都是在碗、盂、豆、钵、碟和尊等盛器的外底部位，时代集中于西周和东周的春秋时期，战国时期少见。刻划在原始青瓷器底部的符号主要有：横竖纹，即作一道或数道横线（或竖线），或作一横（竖）线再做数道竖（横）线；交叉纹，即作二道、三道或多道直线交叉形；还有“U”形纹、“山”字纹、“工”字形纹、放射线、齿刷纹、箭和箭头纹、人字纹、木字纹和其他不规则纹。

原始瓷器和印纹硬陶上的刻划符号是由古越族创造并使用的，刻符的形状基本都是以线条表现方式为主，从其分布区域来看，主要在江苏、浙江和江西、安徽等地，一器一符，基本刻划于器物底部，和土墩墓以及石室土墩墓有千丝万缕的关系，以此是否可以初步判断此类刻符与古越族有着密切的联系，抑或是远离中原的古代吴越文化语系的肇始？这或许是南方地区至少是吴越地区文字起源的重要线索。这些江南地区出土原始瓷器上的刻划符号，呈现出人类文明史的早期符号特征，同时折射出不同地区不同文字发展的不均衡性。商周时期吴越地区所处文化圈的文字发展是否相对落后于中原，这些刻符是否沿用了商代甚至更早期制陶业的一些习惯，仍然采用原始的标识或文字表达习惯，游离于甲骨、金文、竹书、墨书等文字主流体系之外，这些都有待考证。刻划符号不是文字，但对文字的形成和发展起到了不可忽视的作用，至少应是文字起源的源泉之一，因此不管结论如何，都应该从地域文化史、文明史的高度引发对江南地区原始瓷器和印纹硬陶刻符的应有重视。

5. 原始瓷器上的部分纹饰是古越人饭稻羹鱼生活下蛇图腾崇拜的文化体现。商周时期江南地区原始瓷器和印纹硬陶上有三种装饰与蛇有关：一为S纹；二为蟠虺纹；三为蛇造型

古越人蛇图腾崇拜的见证

的装饰。第一种为S纹，使用最为广泛，众多学者认为是蛇身扭曲形态的简化。第二种为蟠虺纹，由两条或两条以上的小蛇盘绕，构成纹饰单元，称之为“蟠虺纹”，又称蟠螭纹，就是由交龙（蛇）或卷龙（蛇）的形象逐渐演变而成的几何纹样。第三种为蛇造型的装饰，包括单条长蛇、交腹双蛇、盘蛇等造型，主要见于春秋晚期至战国时期的原始青瓷器身上，典型代表是无锡鸿山越国贵族墓，如原始瓷甬钟、镈钟、振铎上各堆塑一条长蛇，原始瓷鐏钟的枚则做成盘蛇状，原始瓷支座上堆塑多组交腹双蛇，还出土了4件各由8条蛇盘成球状的盘蛇玲珑型器，身施红、蓝、白三色点状玻璃釉。

战国越王州句错金铜剑剑鞘上的朱绘越人形象

商周时期江南原始青瓷和印纹硬陶在器物上与蛇有关的装饰具有神秘的内涵和功能，它极大可能来源于先秦时期古越民族的蛇图腾崇拜。如《汉书·地理志》中说越人“断发文身”，“常在水中，故断其发，文其身，以象龙子，故不见其伤害。”《说文解字·虫部》有“东南越，蛇种也”“南蛮蛇种”的记载。后世在江浙福建一带民间还建有蛇神庙供人祭祀，可为佐证。春秋战国时期流行的蟠虺纹，来源于群蛇聚集的

战汉时期原始青瓷龙

固始侯古堆东周时代青铜钟
战国原始青瓷镈钟

战国玉龙

“蛇扭丝”交配的形象，象征着人们对于生殖、财富、丰收等富足安乐生活的美好追求。春秋晚期至战国早期，当于越族由一个部落变为一个诸侯国进而长期称霸中原时，于越族对蛇的图腾崇拜也自然而然地上升为越国的国家崇拜和权力象征，进而成为越国的国家象征和文化符号之一。

六　原始瓷与后世中国的青瓷文明

商周时期古越人古越国的原始青瓷是中国古代的伟大发明之一，战国早中期原始青瓷制造发展到顶峰。经过战国晚期西汉早期的低迷期后，两汉的原始青瓷再度复兴。东汉末三国时期，随着浙江上虞小仙坛成熟青瓷的烧造成功，两晋南北朝时期青瓷特别是两晋越窑青瓷出现了大发展的局面。唐代，瓷器在南方以越窑为代表、北方以邢窑为代表，彩瓷以长沙窑为代表，从而形成了“南青北白长沙彩”的大唐瓷业格局，尤以越窑秘色瓷最为出色，并大量出口到海外。宋代青瓷使用全面普及并大量出口海外，五大名窑八大窑系代表了中国青瓷文化的艺术巅峰，逐渐形成了代表中国古代文明之一的青瓷文明。元明清时期特别是明中期以后，随着中国瓷器外销的迅猛增加，中国的青瓷文化传遍世界，附带中国传统文化也逐步传遍世界，形成一个庞大的青瓷文明体系。

1. 古越人古越国的原始青瓷可以说是中国古代的第五大发明

原始青瓷大约萌芽于新石器时代末期到马桥文化时期（相当中原商代），发展于西周到春秋早中期，兴盛于战国时期，是浙江地区马家浜文化—崧泽文化—良渚文化—钱山漾文化序列的继承与发展，具有悠久而独特的根基。作为原始瓷最重要的起源地和烧造中心，浙江地区原始瓷窑址主要发现于两个区域：一是以德清为中心的东苕溪流域，二是以萧山为中心的浦阳江下游，其中以德清为中心的东苕溪流域先秦时期窑址是目前全国最重要的窑址群，达 140 多处。如西周春秋时期窑址以德清火烧山为代表，西周时期原始瓷完全成熟，并迎来大型礼器发展的高峰；战国时期窑址以德清亭子桥为代表，规模巨大，窑炉密集，是原始青瓷发展的鼎盛时期，器类的丰富程度远超过以往任何时期。除生产日用器皿外，还大量生产礼器、乐器、兵器、工具及农具等，几乎涵盖了社会生活的各个方面。在烧制技术上战国时期大量涌现各种支烧具，成功解决了诸如甬钟、句鑃类大型器物的装烧问题，使得瓷器的烧制更加均匀，这是瓷器发展史上一大革命性的技术进步，为东汉时期青瓷的成熟奠定了基础。由此可见，从商周时期的原始青瓷，发展到春秋战国时期的青瓷再发展到东汉时期的成熟青瓷这三个阶段，反映了青瓷烧制由低级到高级的发展过程。原始青瓷的烧制成功，使我国成为世界上最先发明瓷器的国家，对人类的社会生活影响深远，绵延不绝，直至今日。它与中国古代的四大发明一样，具有同等重要的伟大历史意义，可以称之为中国古代的"第五大发明"。

2. 原始青瓷的发展引导并带动了中国古代的青瓷文明

先秦的夏商周时期，江南地区的青瓷文明与中原地区的青铜文明同时出现，这种青瓷文明主要分布于中国东南部地区，以环太湖地区为核心区，包括整个浙江地区以及周边的苏南、皖东南、赣东、闽北地区。在先秦时期青铜文明席卷中华大地的时候，唯独江南地区古越族的青瓷文明凭借着自身的文化韧性抵挡住了冲击，保持了以原始青瓷为代表的文化面貌，在偏居东南一隅酝酿着巨大的能量，之后在全国乃至全世界传播开来，并影响至今。两汉时期，当青铜文明在中原逐渐退潮衰败之时，青瓷文明却从原始瓷跃进为成熟瓷器，再开风气之先。唐代之后，伴随着瓷器在全国普及，青瓷文明开始融入中华文明整体的发展进程当中，并扮演着举足轻重的作用，如越窑秘色瓷成为皇家用瓷、寺庙供器；遍及大江南北的青瓷窑址更似雨后春笋、数不胜数，青瓷进入全面成熟时期。宋代青瓷全面普及，社会各个阶层无不使用，五大名窑八大窑系代表了中国青瓷文化的艺术巅峰，汝窑、官窑和部分龙泉窑、耀州窑、湖田窑等更是青瓷艺术巅峰上的皇冠，其众多仿商周时期青铜器的瓷器尤其是礼器类瓷器再次接续起与商周时期青铜器，西周、春秋战国时期原始青瓷礼乐器的内在血脉与文化基因，这种血浓于水的文化共通文明共连逐渐形成了独具中国古人特征的精神气质。直至元明清时期，梅子青釉、粉青釉、枢府瓷、卵白釉、冬青釉、豆青釉等青瓷色系，仍然大量烧制各类仿青铜器礼乐器，与战国早中期的原始青瓷礼乐器有异曲同工之妙，绵延不断地延续着这种青瓷文明。如果说中原地区青铜文明有阳刚之美神秘之性，青瓷文明则兼具江南水乡的柔和之美与坚毅韧性，而青瓷本身所具有的温润如玉特性，又与以中庸思想为特质的儒家文化契合如一，符合中国人的文化基因与精神特质。宋代在"南青北白"的基础上出现了名窑荟萃的新景象，其宫廷用瓷造型简约精致、端庄大气，釉色匀净温润、如冰似玉，从而奠定了宋瓷中华瓷文化的标尺地位，成为青瓷文明史上的不朽丰碑。

3. 原始青瓷的发展与中国古代的青瓷文明、世界青瓷文明体系的形成一脉相承

瓷器从诞生那一天开始，就以其干净清洁、美观耐用等特征成为人们喜爱的手工制品，得到了广泛使用，成为华夏文明象征之一。数千年来，除了在中华大地上延展，瓷器亦不断从中国周边向远域拓展，逐步成为一种世界性的文明因素。早在六朝时期，浙江出产的瓷器首次在中国以外的地区被发现，主要集中在朝鲜半岛的百济地区。唐宋之际随着海上丝绸之路的发展，瓷器除了出口到邻近的日本、朝鲜和南洋（今东南亚）诸国外，最远可输出至西亚、北非、东非一带。唐代以越窑为代表的青瓷在北非的埃及和中东被大量发现，南海“黑石”号沉船是典型代表，里面出水了数万件瓷器，包括长沙窑、越窑、邢窑等。宋代的瓷器出口以越窑、龙泉窑和福建、广东生产的青瓷为代表，出口数量和品种远超唐代，在东南亚（古称南洋）、西亚、北非、东非一带被大量发现。元代伴随着蒙古帝国的扩张与四大汗国的建立，中国与东亚、东南亚、南亚、西亚、北非、东非和欧洲建立了规模空前的陆路和海上丝绸之路，景德镇青花瓷器、龙泉青瓷和福建瓷器大量出口，伊朗、土耳其和东南亚诸国所珍藏的元代瓷器生动说明了这一点，而韩国的新安沉船上的龙泉窑青瓷则是海外贸易出口的典型代表。明清时期特别是明代中后期以后，中国外销瓷器迅猛增加，高峰期为明代嘉靖、万历时期和清代康雍乾时期，外销瓷器数以亿计。随着中国外销瓷器的迅猛增加，特别是外销瓷由传统的南洋、中东地区为主转向欧洲地区为主，中国的瓷器广受欧洲上流社会的喜爱，附带中国传统文化的青瓷也逐步由先前的东亚南洋、南亚传播至西亚、中东，进而传播欧洲传遍世界，由此也逐步将中国的青瓷文化传遍世界，逐渐形成一个庞大的青瓷文明体系。

回望数千年的青瓷文化和建筑其上的青瓷文明体系，我们可以自豪地说，先秦时期的原始青瓷不但是瓷之源头，更是绵延不绝、惠及当代的中国古代第五大发明，是中国古越先民对于人类的重大贡献。

七　原始瓷与印纹硬陶的品鉴术语

口沿：即器物口部。

圈足：即器身底部的圈状足。陶瓷制品烧造时该部分往往无法上釉而多露胎，是依据不同的制瓷技术辨别器物真伪的关键部位之一。

爆口：器物因被磕碰而导致部分缺落，其上的小缺口被称为“爆口”，多见于器物口部。

冲线：器物因被磕碰而导致的裂缝。虽然没有缺失，但也影响美观。

窑汗：指硬陶在高温窑室中因自身内部少量的玻璃质均匀地析出于平滑而密度高的器表形成的薄薄的光亮层。但它并不是人为施加的釉。

剥釉：早期瓷器制作工艺欠精，加上瓷器的釉和胎体膨胀系数不同，经年累月导致瓷器釉面成片脱落。还有施化妆土的瓷器也较易引起剥釉。

缩釉：因石灰釉不能均匀地覆盖在器物表面而形成的某些部分釉多某些部分釉少甚至无釉的现象。原始瓷器表多见。

土沁：因器物长期埋藏于土下而受不同土质侵蚀的现象。多见于器表，有时甚至深入瓷器釉层。

胎骨：陶瓷器物制坯的胎土。

龙窑：商代以来兴起于南方的窑炉。因其依山而建，长度达数米直至数十米，形似龙状而被称为“龙窑”。它不仅极大提高了烧窑产量，而且易于控制内部温度和烧成气氛，为中国青瓷的产生奠定了基础。

窑具：用来支烧或装烧陶瓷器物的制瓷工具。

叠烧：为提高产量，而将大小器物有意叠装在一起烧造。被叠烧的器物间一般都有专门的窑具隔离。

泥条盘筑法：早期制陶制瓷方法。将泥料制成长条形，以螺旋式的方法由下向上盘筑

口沿

圈足

爆口

冲线

窑汗

剥釉

缩釉

土沁

成器形，同时用陶拍拍打，用手沾水将器内外接缝处抹平。

圈筑法：早期制陶制瓷方法。依据器物形体要求，用黏土或瓷土先作成一个个的泥圈，再按要求将泥圈逐个拼接，并用手或陶拍拍抹成器。商周原始瓷和印纹硬陶多用此法成型。

开门：器物旧气十足，十分典型，毫无疑问便知是真品。

品相：器物给人的整体外在印象，如有无破损，造型是否规整，釉色是否漂亮等。

氧化焰：是指在陶瓷烧造过程中氧气供给量比器物烧造所需的氧气需要量多的一种火焰。它容易将器物釉层和胎骨中的 Fe_2O 氧化为 Fe_2O_3 而使器物釉色偏黄。

还原焰：是不完全燃烧的火焰。这时窑内的燃烧产物中有一氧化碳等还原性气体，没有或者极少游离氧的存在，能使器物釉层和胎骨中的 Fe_2O 不易被氧化为 Fe_2O_3 而令器物釉色偏青。因此在日用瓷的烧窑过程中，多采用还原焰烧成。

纹饰：陶瓷器物外表的装饰纹样。有拍印、刻划、堆贴等多种形式。

拍印纹：陶瓷器表装饰方法之一，系用刻有纹饰的陶拍拍打在器物表面产生。

胎骨

龙窑

窑具

叠烧

泥条盘筑法

用圈筑法成型的印纹硬陶

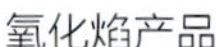

氧化焰产品

还原焰产品

刻划纹：陶瓷器表装饰方法之一，系用竹片等尖锐物在器物表面刻划形成。

戳印锥刺纹：陶瓷器表装饰方法之一，系用竹片、竹管等尖锐物在器物表面戳印锥刺产生。

堆贴纹：陶瓷器表装饰方法之一，系将泥条作成各类装饰部件贴附在器物表面所成。

窑粘：施釉器物在窑炉烧造过程中与其他器物或窑内杂物相碰触而导致的釉面粘连杂质或被粘连而缺失部分釉面的瑕疵。

窑渣：在器物烧造过程中散落、粘连在器物上的窑内杂质。

拍印纹

刻划纹

戳印锥刺纹

堆贴纹

窑粘

窑渣

八　原始瓷与印纹硬陶的辨伪常识

1. 刻意模仿，苦心做旧

这类作伪往往是根据出版图录或某些实物，较为精心地制坯、烧造出来的。制伪者根据初涉收藏爱好者大都有根据出版物中的图片或某些博物馆公开展示的实物模样按图索骥的心理习惯，着力在器物造型特别是外在装饰细节或纹饰上做手脚。为了去除新仿原始瓷器表面的“贼光”，作伪者多用氢氟酸等对器物作浸刷处理。但器表经酸处理后往往发“闷”、发“涩”，若我们多加观察，不难体悟。比较难甄别的是近年来增多的主要针对战国原始瓷（有时也针对春秋甚至西周器物）的高仿品，作伪者不断改进技术，力求用古法烧造，除釉色外，甚至连缩釉、土沁效果也仿制得较为逼真。而印纹硬陶由于不用施釉，更易作伪，仿品也更具有迷惑性。

要辨别此类伪器的关键是必须多接触真品实物，并对其胎骨、釉色、大致手感分量作细心体悟，以不断增强对真品实物“古旧气息”的微妙把握。一般来讲，凡釉色发闷、发涩，剥釉不自然（不是片状自然剥落，而是人为生硬地撬凿掉的），缺少沉着而自然分布的土沁，或纹饰及其他装饰件生硬、粗笨，胎体重量过重或过轻的，十之八九均为仿品。同时，我们最好对各时期原始瓷与印纹硬陶的独特制作工艺有所了解，对器物的底部尤其要仔细观察。因为该处是陶瓷工艺特别是烧制工艺的独特痕迹所在。一般仿品往往对其不加注重或无心注重。此外，还不能被有些破损后经修补、修复的“老货”所迷惑，它们也有可能是故意这样处理的“新加破”物品。还有，要克服贪图“国宝重器”及精品完整器物的心理，岂不知这正落入了作伪者的圈套陷阱。

●左面的是安徽屯溪出土的西周原始瓷壶，右面是最近出现在收藏品市场上的仿品。后者明显在刻意模仿前者。但其除颈部以上造型明显失衡外，还有三点露出破绽：一是釉色偏青，系用现代窑炉烧造，没有仿制出真品由于原始窑炉而产生的偏黄氧化焰烧制效果；二是釉面经过酸处理，整体感觉偏“涩”；三是胎骨过生、过新，没有自然老旧感。

●右图中的伪品有针对性地专仿左图一类的战国原始瓷盉，但胎骨过生，釉色过新，比之于左图真器的器表洁净、落落大方，右图器身虽然人为涂了一层浅薄的黄泥，但作伪者的“心虚”恰恰因此而不打自招。

●上图是西周云雷纹印纹硬陶，而右图则是仿品，尽管也显得造型古拙，但破绽还是较为明显：一是胎骨生、新，所以内含水分偏高，器物手感分量必定过重；二是印纹欠刚劲硬朗，同时稍显杂乱。

2. 故意臆造，奇中有诈

既然按明确对象仿造原始瓷和印纹硬陶费事费力，那么有些作伪者干脆不依照任何真品实物对象，在注意一定的上釉、烧造等基本作伪技术基础上，主观任意地制作各式各样"新奇"的原始瓷或印纹硬陶。这些器物刚好迎合了一部分求新猎奇的收藏者的心理，他们自以为获得了连博物馆和各类出版图录都没有的稀世珍宝，却不知收藏的是一堆根本没有文化内涵和经济价值的"丑八怪"。

其实，这种作伪手法在懂得古陶瓷史特别是对古陶瓷造型特征比较了解的收藏者面前是很容易被识破的。因为陶瓷工艺特别是它们的造型一般都有时代特征，不同时代或同一时代的不同时期，其审美特质也颇不相同。若一件春秋特色的原始瓷上出现了明显的汉代装饰纹样，那么，在你似乎感到即将获得一件"奇品"的时候，先冷静下来思考以下这样的设想：宋代人可能穿西装，打领带吗？结果不言而喻。所以，当我们较为系统地了解了中国陶瓷发展史，并对各时期典型器物、典型装饰、造型特征有较为熟悉的把握，同时克服"捡漏"、求新猎奇的心理后，此类被鉴藏圈称为"妖怪"的伪品必将在我们的火眼金睛下原形毕露。

●左图两件伪品均有不伦不类之感：虽然纹饰不少，部件装饰也很奇特，但问题是除了胎骨过生，釉色过新（还经过酸处理）外，造型别扭，将不同时期的青铜器装饰汇集在同一件瓷器上，生拼硬凑，毫无道理。

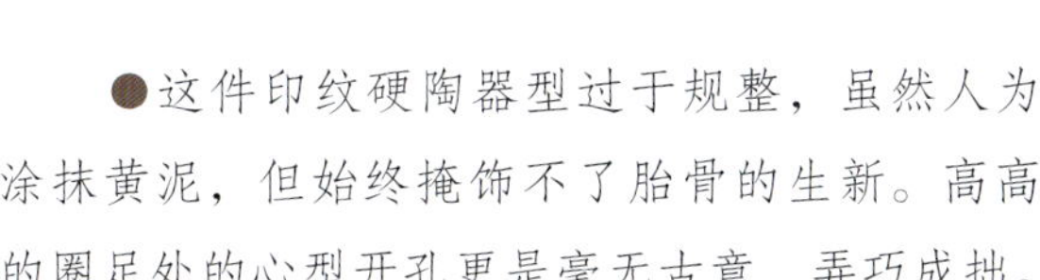

●这件印纹硬陶器型过于规整，虽然人为涂抹黄泥，但始终掩饰不了胎骨的生新。高高的圈足处的心型开孔更是毫无古意，弄巧成拙。

3. 移花接木，迷惑人眼

这类作伪最难辨识。难就难在器物一部分是老的真的，而另一部分是新的伪的；或者多个部分均是老的，但它们来自不同残器，拼合而成。其作伪的直接目的就是以残充整，以次充好，以平充奇，以求获得超乎寻常的利益。这种作伪通常采用部件粘拼法，把一个普通甚至残破的器物改装成一件造型奇特的玩意儿。由于几个部分或者是主要部分如底部、口沿等往往都是老的，它们特别容易迷惑经验不足，分辨能力欠佳的收藏新手。某些拼接技术好的器物，就连老行家都很易被蒙骗。一些普通的原始瓷、印纹硬陶甚至被别有用意的制假者人为后贴一些装饰部件，或后刻一些装饰纹饰，稍不留心就易被骗上当。

对于这样的作伪，鉴藏者除了要有一定的古陶瓷烧制、造型、装饰知识外，一定要戒除猎奇心理，仔细地审视各部分细节（特别是器身各部分过渡转接处及精美特殊的小装饰部件），并理性地作出分析判断。条件允许的情况下，最好在日光或直射灯光下细看，必要时可借用放大镜。

第 49 页两图器身主体的确是春秋印纹硬陶缶器，但因为造型、纹饰均过于普通，故其收藏价值及市场价格均不高。所以，制假者在其两肩捏塑了两个兽型系饰，以让器物显得奇特而谋求高价。尽管同时代确有类似带兽型纽的缶器，但这两个后添兽纽却显得粗笨无骨力，质地也与器身胎骨完全不一致，只能靠人为涂抹的黄泥来掩盖作伪的心虚。

第 50 页两图器物釉色、气息均为西周至春秋原始瓷无疑，器型也貌似“别致”，但遇水浸泡后才发现是时人将两件普通器物（一个原始瓷盂、一个原始瓷高足盘）用木工胶水粘合而成。其目的当然也是希图用少见的器型来骗取更高的市场价格。面对这样的器物，收藏者更应提高警惕。因为，尽管它们的部件都是老的，但经过拼凑，试图做成一件杀伤力颇高的“稀品”。一旦入手，经济受损，且难以退货。

当然，除了各类伪器仿品，鉴藏者还得面对大量的被修复件。特别是原始瓷、印纹硬陶这类器物，时代甚早，埋藏条件欠佳，制作工艺及自身质量相对不如后代产品，它们到鉴藏者手中一般都已被修复，只不过原先破损程度和修复程度不同而已。但是，被修复的器物表面肯定留有修饰痕迹，要么釉色有差异，要么纹饰有出入，要么胎骨有不同，至少会留下些许遮盖修理痕迹的涂刷痕或洒点痕。另外，凡是器物某一部分甚至某一面上都被涂上了一层黄泥，该处往往是“此地无银”“不打自招”地被修补过。要知道，真正完整的器物，越干净越有神采，身上“有鬼”的才会想尽一切办法去掩饰。

面对这些被修复了的器物，我们既要爱惜珍视，又不能以整器的价格作浪费付出。只有勤于实践，善于思考，才能练就一副好眼力，去伪存真，去粗取精。

九　原始瓷与印纹硬陶的鉴藏原则

我国文博系统对藏品有较为科学、规范的品级分类与界定，按照文化部1987年2月开始执行的《文物藏品定级标准》，根据《中华人民共和国文物保护法》第二十二条有关规定，一级文物为具有特别重要的历史、艺术、科学价值的代表性文物；二级文物为具有重要的历史、艺术、科学价值的文物；三级文物为具有一定历史、艺术、科学价值的文物。凡属一、二级藏品的文物均为珍贵文物，三级藏品中需定为珍贵文物的，应经国家文物鉴定委员会确认。博物馆、文物单位、有关文物收藏部门，均可用该标准对藏品进行鉴选和定级，社会上其他散存的文物，需要定级时，也可照此执行。该标准由国家文物局负责解释，为更具体地解释该标准，又结合一级文物定级标准做了举例，其中涉及陶瓷器物的表述为：陶器，代表考古学某一文化类型，其造型和纹饰具有特别重要价值的；有确切出土地点可作为断代标准的；三彩作品中造型优美、色彩艳丽、具有特别重要价值的；紫砂器中，器形完美，出于古代与近代名家之手的代表性作品；瓷器，时代确切，在艺术上或工艺上有特别重要价值的；在纪年或确切出土地点可作为断代标准的；造型、纹饰、釉色等能反映时代风格和浓郁民族色彩的；有文献记载的名瓷、历代官窑及民窑的代表作。同时补充说明，二、三级文物定级标准举例可依据一级文物定级标准举例类推。

下面左图西周印纹硬陶折肩豆高12.2厘米、口径6.7厘米、足径8.5厘米，现藏福建省博物馆，1978年出土于福建闽侯黄土仑遗址墓葬。该豆胎质较硬，直口、折肩、斜腹、细高柄，足呈喇叭形。肩部附对称宽带耳，耳上饰堆塑纹，肩部阴刻双线曲折纹，腹部拍印回纹。此器造型别致、纹饰自然、制作精细，具有明显的南方闽江流域印纹硬陶的特征，但也似乎受到了商周中原文化的某些影响，为印纹硬陶的代表作，故被定为国家一级文物。

下面右图西周原始瓷罍，高27厘米、口径15厘米、肩宽28.8厘米，现藏洛阳市文物工作队，1964年河南洛阳出土。该器口微侈、溜肩、圆腹、圈足。肩部饰有弦纹、斜方格

西周印纹硬陶折肩豆

西周原始瓷罍

纹，并堆贴绳索形耳。胎灰白，体施青釉。该罍为仿当时青铜器的造型，端庄古朴，胎质较细且坚实，施釉较均匀，刻划花纹精致，反映了西周时期原始瓷的发展水平，是早期青瓷的代表作，且保存完好，理所当然被定为国家一级文物。

当然，作为社会性鉴藏原始瓷与印纹硬陶不必像上述馆藏器物那般非得按国家标准分出等级，但文物藏品定级标准却可以指导我们在原始瓷与印纹硬陶鉴藏活动中去粗取精，以有限的精力与财力尽可能获得令人称道的藏品。

就具体的民间原始瓷与印纹硬陶而言，笔者认为其鉴藏原则大致如下：

1. 收藏与投资兼顾原则

任何一种鉴藏活动首先应建立在一份文化情怀和审美情趣上。这样的鉴藏源于发自内心的对古器物的热爱，这是一种较为持久的感情存在，鉴藏者内心不大会因为所藏古器物市场价格的起伏而患得患失。反之，若一开始便是针对古器物的市场效益，纯粹从投资角度去购买自己缺少分析、缺少体验，更缺少内心感情呼应的古器物，那么一旦该器物没有获得预期的市场回报甚至价格回落，其内心之烦乱可想而知。何况，目前原始瓷与印纹硬陶只是古陶瓷鉴藏领域里的小众类型，而且其市场流通受国家文物法律法规限制，更不能借助拍卖活动运营造势。所以，原始瓷与印纹硬陶的鉴藏更应抱着理性冷静的态度。与古为徒就得首先学会叩问内心，甘于寂寞，从真正的文化认可与情感投射开始，首先努力发掘积淀在原始瓷与印纹硬陶中数千年的文化艺术价值，同时兼顾其后期合法、合理的市场交流价格，这才是令人身心愉悦、物我两忘的鉴藏真谛。

2. 宁缺毋滥存精品原则

古旧器物的收藏并非唯古而贵，说到底还是以稀少、精美作为价值分析和价格判断的主要依据。作为数千年文化遗存的原始瓷和印纹硬陶，一般的爱好者收藏几件普通产品置于案头赏玩足以畅叙幽情，但作为真正的鉴藏者，却不能见物便收，否则，时间一长，一则没有足够的场所堆放易磕易碎的瓶瓶罐罐，二则普通器物存世量较大，市场流通极为不易，最终必将落得费力费财、为物所役的尴尬下场。鉴藏活动上升到一定程度后，必须严格坚持“宁缺毋滥”的原则，将有限的财力与时空条件都投入到找寻、购藏、鉴赏精品乃至珍品的过程中去。通俗地讲，花钱买一堆普品远不如花同样的钱买一两件精品。在争奇斗艳的艺术品市场里，普品永远没有令人起眼的市场价格，只有那些奇货可居的精品恒定是金钱追逐的目标。

3. 宁完整毋破碎的原则

陶瓷器物属于典型的易碎品，尤其是古陶瓷，一般均出土于埋藏较深的古墓葬、古遗址或古窑址，加之社会流通，往往多有破损。但正因如此，一件完美无缺的古陶瓷便堪称难得。我们在古玩市场上经常可见器型、釉色均不错的原始瓷或印纹硬陶残破件，价格也不高，其作为个人标本收藏、分析研究或博物馆展品陈列有其一定价值，但作为市场投资则无多大必要性。如前所述，精品意识理应包括器物的尽可能完整性。当然，如果是高档、精美、稀少的高古陶瓷，视其残破程度可适当收藏，特别是残破不严重或极为稀少的精品残器，更是如此。古陶瓷收藏界一直流行着这样一种定价潜规则，即器物一旦破损，明清器物其市场价格一般仅有正常卖价的十分之一左右，中古器物三分之一至五分之一，高古和上古器物二分之一至四分之一左右。

这里尤其应该点明的是，当下原始瓷和印纹硬陶的修复技术已较为成熟，散见于古玩市场的各类原始瓷与印纹硬陶绝大多数不是单纯的残破件，而是经修复后的“后补”件。这些器物或被填补了破损口，或被增加了装饰件，完全可与当下社会流行的“整容术”相媲美。若藏家缺乏基于实战经验的“火眼金睛”，稍不留心便会用高昂的完整器价格买回实属支离破碎甚至弄虚作假的修复器。关于这一点，笔者将在本书后续章节中重点详述。

4. 成系列重研究的原则

原始瓷与印纹硬陶是我国从夏商到汉代的文化遗存类型之一，它们身上往往折射出这一特定时期不同阶段不同区域的先民生产劳动特质与文化艺术信息。原始瓷与印纹硬陶的鉴藏若能注重品种归类与系列收藏，必定比零散收集更具规模效应。其更深意义在于，成系列成系统的收藏能使鉴藏者对某一类器物或某一区域的产品或不同时段、不同区域的相似器物等有比普通藏家更深入细致的比照分析，从而使一般的鉴藏活动进入到研究意义的层面。所谓知其然而更知其所以然，若能站在研究者的视野高度，拥有较专业的理论水平，再加上丰富的市场实践经验，该鉴藏者必定能在原始瓷与印纹硬陶鉴藏领域成就斐然，收获颇丰。

5. 实事求是重交流原则

古器物鉴藏者必定有循序渐进、渐入佳境的学习、成长过程，在此过程中，必然有“走眼”买假的屈辱与伤痛，也有慧眼“捡漏”的兴奋与欣慰，但作为一个成熟的鉴藏者，必须学会实事求是，做到平和心态。笔者一贯主张“用合理的价格买合适的物品”原则，即根据自身的财力、眼力，去选择、购藏自己最熟悉、最喜爱的古器物。否则，人云亦云，盲目跟风或舍近求远去购藏那些自己尚不能深入明晰文化内涵与工艺特质的古器物，结局一定惨痛不已。此外，更不能像“国宝帮”那样，拉帮结派，混淆视听，遗祸社会。如前所述，原始瓷与印纹硬陶鉴藏目前虽属小众行为，但更应客观严谨，实事求是，民间鉴藏者不一定有机会参与诸多官方研讨会，但应凭借现代化传播媒介如 QQ 群、微信群等强化与各地藏家的交流研讨，百家争鸣，去伪存真，去粗存精，不断提高自身的辨识眼光与实践能力，形成一股融实践研判与理论探讨为一体的原始瓷与印纹硬陶民间可持续鉴藏力量，为社会更多人士关注、热爱，进而一起为鉴藏原始瓷与印纹硬陶做贡献。

下篇 PART 2

原始瓷与印纹硬陶品鉴
实例解析

原始瓷与印纹硬陶品鉴

一、夏商时期

1. 东苕溪流域夏代原始瓷（瓢山类型） 浙北东苕溪流域夏代原始瓷极少，目前仅见于窑址中。瓢山窑址产品以印纹硬陶为主，但这两块盘、钵类残片有人工施釉痕迹，带釉部位多位于器物朝上的部分，施釉线不清晰，有釉与无釉处逐渐变薄过渡。厚釉处施釉不均匀，呈点状凝釉，玻化程度较高，玻璃质感强，但胎釉结合差，剥釉严重，釉色呈较深的黑褐色、棕褐色或青色。

2. 东苕溪流域夏代原始瓷（北家山类型） 同属浙北东苕溪流域的北家山窑址与瓢山窑址相邻，产品以原始瓷为主，器型以豆占绝大多数，其次是三足盘，有极少量的长颈侈口罐与钵类器物。豆、三足盘的釉色主要呈青色与黑褐色。青灰胎施青釉，釉层厚、玻璃质感强；灰黑胎釉色较深，釉层薄，呈黑褐色，部分器物玻璃质感不强。从施釉部位看，豆盘、三足盘内腹一般满釉，釉层厚且玻璃质感强。

3. 商代原始瓷圆底罐 侈口、收颈、广腹、圆底内凹，为标准商代器物造型。这种造型亦多见于同时期印纹硬陶，不过此罐明显有人工施釉痕迹，尤其是肩部釉层较厚且均匀，玻璃质感强，胎釉结合程度比较好，烧成温度高。器表拍印网格纹，整器古朴大气，别具韵致。

4. 商代原始瓷尊 此器为尊，商周时期典型的盛酒器，为原始瓷仿制青铜器造型提供了直接依据。整器规整，肩部一对宽鋬更显力度。器表见薄釉，烧成温度较高。

5. 商代晚期原始青瓷双系尊 高 17.9 厘米，口径 11.9 厘米，底径 8.7 厘米。微敞口，斜直颈，溜肩，腹微鼓下收，圈足外撇，肩部对称各贴塑一条形耳。器身颈部数道弦纹，肩部拍印两圈细三角纹和弦纹，下腹部拍印浅席纹。器身满施薄浅灰釉，灰白胎。器型不够规整，为商代晚期原始青瓷典型工艺。

6. 商代晚期原始青瓷四系尊 高 21 厘米，口径 12 厘米，底径 9 厘米。微敞口，斜直颈，溜肩，腹微鼓下收，圈足外撇，肩部对称贴塑四条形系。器身颈部、肩部各饰数道弦纹。器身满施薄浅灰釉，灰白胎。器型不够规整，为商代晚期原始青瓷典型工艺。

7. 马桥文化陶壶 口径7.3厘米，高12.8厘米，长17.2厘米。侈口外翻，长直颈，溜肩，扁椭圆形腹下收，圜底内凹。紧贴颈肩处与尾部连接一宽条形鋬耳，颈部饰数道弦纹，其中一道凸弦纹，肩以下至外底满饰不规则斜线纹。器物通体灰褐色，近底处褐白色，灰白胎。该器为仿生器，又称鸭形壶。

8. 商代印纹硬陶釜 口径9.1厘米，高14.8厘米。侈口外翻，直颈斜弧外张，溜肩，斜弧腹外鼓，腹以下内收，圜底拍印绳纹，灰黑胎，烧成温度较高。

9. 商代印纹硬陶带柄壶 口径 8.9 厘米，高 12.7 厘米。敞口，直颈，溜肩，鼓腹下收，圜底内凹。口部一侧对称有瓜楞形折痕各一，渐缩为一尖状流。口沿下与下腹部贴饰一扁圆条形柄，肩部以下满饰曲折纹，通体灰色，部分有斑驳灰白色渍痕，该器古朴厚重，包浆自然。

10. 商代印纹硬陶长颈罐 高25厘米，直径15厘米。敞口，长弧颈，肩部一圈凸起，外斜腹下收，圜底内凹。颈部多道细弦纹，肩以下至外底满饰连续菱格纹，每个菱格纹内饰一圆点。通体灰色，近足处及外底因生烧呈砖红色。该器古朴大气，纹饰精美，为商代闽越（今福建）地区印纹硬陶典型器。

11. 商代印纹硬陶带角器

口径6.9厘米，高10.3厘米。侈口外翻，斜直颈外撇，溜肩，鼓腹，腹以下内收，圜底内凹。颈部饰凹凸相间五组弦纹，肩以下至外底满饰连续斜方格席纹，肩部贴塑一上翘角形把手。通体灰白色，造型奇特，纹饰精美，较为难得。

12. 商代印纹硬陶提梁壶 口径8.9厘米，高15.9厘米。敞口，长弧颈，溜肩，鼓腹下收，圜底内凹。颈部饰凹凸相间多组弦纹，肩以下至外底满饰连续席纹。口沿处贴塑一条形提梁，肩部对称提梁一侧做一短管状流。灰白胎，古朴厚重。

13. 商代印纹硬陶带柄壶 口径 7.8 厘米，高 13.3 厘米。敞口，斜直颈，溜肩，凸腹，腹以下内收，圜底内凹。口沿下篦划一圈上下对称双层三角纹，中有篦点纹。颈部饰凹凸相间弦纹，肩部至外底满饰连续菱格纹，每个菱格纹内饰一圆点。紧贴口沿与肩部贴塑一宽条形鋬耳，鋬耳上饰凹凸相间多组竖条纹，鋬耳与肩相接处贴三长方形饰。灰白胎，造型奇特，纹饰精美，为商代闽越（今福建）地区印纹硬陶典型器，较为难得。

14. 商代印纹硬陶圜底双系壶 口径 10.8 厘米，高 24.3 厘米，腹径 18.1 厘米。敞口折沿，缩颈，溜肩，长斜弧腹，腹以下内收，圜底内凹。颈部饰多组细弦纹，肩部至下腹部饰凹凸相间多组连续弦纹，胫部至外底满饰不规则席纹。肩部对称贴塑一宽条形耳。通体灰青色，近足处至外底大部泛红。

15. 商代硬陶三足豆 口径 6.8 厘米，高 11.3 厘米。直口，短颈，斜直腹内收，呈漏斗状，下承三沟槽状高足，豆内外壁有多圈弦纹。灰白胎，造型奇特，为商代闽越（今福建）地区印纹硬陶典型器。

二、西周时期

16. 西周早期原始青瓷饼纹敛口盂 口径 8.3 厘米，高 5.5 厘米，底径 6.1 厘米。敛口，扁圆腹下收，圈足外撇，通体弦纹，口沿下对称堆贴三组双饼形饰。通体施薄青绿釉，里外满釉，灰白胎。器型规整，拉坯均匀，为西周早期原始青瓷小精品。

17. 西周早期原始瓷六系尊 高 18.3 厘米，口径 15.1 厘米，底径 12.7 厘米。敞口，口以下内收，缩颈，溜肩外凸，肩以下内收至胫，圈足外撇。肩部对称饰三组双竖条形系，系边各对称堆贴饼形饰。外壁肩部饰三组弦纹，下腹部有两处青铜器绿锈痕（证明原始瓷与青铜器同坑入土，在当时为贵族珍视，档次较高）。器物通体施薄青灰釉，灰白胎。该器仿青铜尊造型，档次较高。

18. 西周早期原始青瓷双系弦纹罐 高 12.8 厘米，口径 8.8 厘米，底径 8 厘米。敞口，缩颈，肩以下至腹部渐张，腹部微凸，腹以下渐收，胫部内收，圈足外撇。肩部对称饰双条形系，系边各对称堆贴双饼形饰。器物外壁通身弦纹，施薄青绿釉，灰白胎，造型简洁典雅。

19. 西周早期原始青瓷折腹敞口尊 高 14.3 厘米，口径 17.7 厘米，底径 10.7 厘米。敞口，折沿微凸，口以下内收，束颈，溜肩外凸，肩以下内收至胫，圈足外撇，外底内收。肩部对称饰三组双条形系，系边各对称堆贴饼形饰。外壁通身弦纹，内口沿下两组弦纹各间饰一圈篦划纹。器物通体施薄青绿釉，灰白胎。该器慢轮拉坯成型，仿青铜尊造型，档次较高。

20. 西周早期原始青瓷饼纹豆 口径11.6厘米，高6.9厘米，底径5.6厘米。敛口，溜肩外凸，肩以下内收至胫，圈足外撇，口沿下三圈弦纹，肩部对称堆贴三组双饼形饰。通体施薄黄绿釉，里外满釉，灰白胎。器型规整，拉坯均匀。

21. 西周早期原始青瓷敞口尊 高 11.9 厘米，口径 16.3 厘米，底径 8.4 厘米。大敞口，口以下至下腹部渐收，下腹部微凸，胫部内收，高圈足外撇，外底内收。器物施青黄釉，灰白胎，外壁通身弦纹，内口沿下两组弦纹间饰一圈篦划纹。该器慢轮拉坯成型，仿青铜尊造型，为西周原始青瓷典型器，档次较高。

22. 西周早期原始青瓷折腹敞口尊 高 14.1 厘米，口径 17.3 厘米，底径 10.3 厘米。敞口，折沿微凸，口以下内收，缩颈，溜肩外凸，肩以下内收至胫，圈足外撇。肩部对称饰三组条形系，系边各对称堆贴饼形饰。外壁通身弦纹，器物通体施薄青黄釉，灰白胎。该器仿青铜尊造型，档次较高。

23. 西周早期原始青瓷弦纹豆 口径 11.3 厘米，高 6.7 厘米，底径 5.5 厘米。敞口，直颈，肩以下内收至胫，圈足外撇呈喇叭形。口沿下三圈弦纹，外壁中间饰成组连续曲折纹。通体施薄黄绿釉，有积釉痕，灰白胎。

24. 西周早期原始青瓷弦纹豆 高8.2厘米，口径21.8厘米，底径9.2厘米。浅敞口，口以下内收，盘形内壁微凹，束腰，高圈足外撇，外底内收。器物施青黄釉，灰白胎，内口沿下至盘心多组弦纹间饰一圈篦划纹，外壁口沿和腰部各饰多圈凹弦纹。该器慢轮拉坯成型，仿青铜器造型，尺寸在同类器中少见，档次较高。

25. 西周原始青瓷 S 纹豆 高 6.5 厘米，口径 19.4 厘米，底径 12.1 厘米。平折沿，浅腹内收，束腰，圈足微外撇。器身施青褐色釉，圈足内外不施釉，外底素面，刻划 U 形纹。豆口沿对称贴饰三 S 纹，灰白胎。器型古朴端庄，有流釉和积釉现象，为西周原始青瓷豆典型器。

26. 西周原始青瓷窃曲纹卣 高21.1厘米，口径13.8厘米，腹径26.4厘米，底径19.1厘米。直口微敞，溜肩，鼓腹，腹以下渐内收，平底。肩部对称贴饰绹索形系，系边各对称堆贴S形饰。外壁通身饰多层窃曲纹。器物通体施薄青灰釉，灰白胎。器型仿青铜卣造型，档次较高，稀少。

27. 西周原始青瓷蓝色窑变釉弦纹盘 口径13.1厘米，高4厘米，底径8.3厘米。敞口，厚唇，盘内壁通体凹弦纹，外壁口沿下一圈凹弦纹，饼足粘沙。通体施青褐色釉，盘内壁有大片蓝色窑变釉，开后世窑变之先河。

28. 西周原始青瓷麦穗纹大罐 高 20.1 厘米，口径 16.6 厘米，腹径 30.1 厘米，底径 12.2 厘米。直口微敞，浅束颈，溜肩，圆鼓腹，腹以下渐内收，小平底。外口沿下四组弦纹，间饰三圈篦划纹，肩部及以下饰三圈麦穗纹。肩部对称堆贴四条一组条形系，系边各对称堆贴 S 形饰。通体施青褐色釉，有流釉和积釉现象，灰白胎。内壁满釉，清晰见圈筑痕。器型大气，古朴端庄，为西周原始青瓷典型器，档次较高。

29. 西周原始青瓷曲折纹罐 高 17.6 厘米，口径 15.9 厘米，腹径 21.9 厘米，底径 11.3 厘米。直口微敞，浅束颈，溜肩，鼓腹，腹以下渐收，小平底。外口沿下两组弦纹，间饰两圈变形蟠虺纹，肩部及以下满饰多层曲折纹。内口沿一组弦纹，内壁满釉，清晰见圈筑痕。灰白胎，通体施青褐色釉，有流釉和积釉现象。器型大气，古朴端庄，有斑驳沧桑之历史感，为西周原始青瓷典型器，档次较高。

30. 西周原始青瓷云雷纹双系罐 高20.1厘米，口径14.2厘米，腹径24.8厘米，底径17.8厘米。口微敞，颈部一圈凸弦纹，溜肩，鼓腹，腹以下渐收，平底。肩部对称贴饰绹索形系，系边各对称堆贴S形饰。外壁肩部以下满饰多层云雷纹，富神秘气息。通体施褐釉，灰黄胎。器型、纹饰均仿青铜卣，档次较高，稀少。

31. 西周原始青瓷小口壶 高 14.2 厘米，口径 7.7 厘米，腹径 9.8 厘米，底径 8.6 厘米。敞口，厚唇，浅束颈，溜肩，肩部一圈微凸，筒形腹微侈，胫部微收，平底。肩部对称堆贴三条一组条形系，系边各对称堆贴 S 形饰，腹部堆贴一勾连纹饰。肩部篦划一组弦纹，腹部一圈竖条纹。通体施青褐色釉，有流釉和积釉现象，外壁部分有蓝色窑变釉，灰白胎。器型古朴端庄，开后世窑变釉之先河。

32. 西周双 S 绳索耳原始青瓷盂 高 4.2 厘米，口径 7.5 厘米，底径 5.3 厘米。侈口，略缩颈，肩部一圈凸起，斜腹渐收，平底微内凹，粘沙。肩部对称贴饰绚索形系，系边各对称堆贴横 S 形饰。器物通身满施黄绿釉，釉水莹润，有流釉和积釉现象，灰白胎，为西周原始青瓷盂器型之一。

33. 西周双 S 绳索耳原始青瓷盂 高 3.1 厘米，口径 8.4 厘米，底径 4.4 厘米。侈口，略缩颈，肩部一圈凸起，斜腹内收，小平底。肩部对称贴饰绹索形系，系边各对称堆贴横 S 形饰。器物通身满施褐绿釉，有流釉和积釉现象，灰白胎，为西周原始青瓷盂器型之一。

34. 西周原始青瓷绳索耳筒形罐 高 11.1 厘米，口径 11.5 至 12.6 厘米，底径 9.4 厘米。侈口，肩部一圈凸起，筒形腹内收，平底。肩部对称贴饰竖绹索形耳，器物通身满施褐黄釉，有流釉和积釉现象，灰白胎，为西周原始青瓷筒形器典型样式之一。

35. 西周晚期原始青瓷三 S 纹筒形罐 高 10.6 厘米，口径 11.1 厘米，底径 10.2 厘米。侈口，厚唇，小溜肩，筒形腹微内收，平底。肩部满饰一圈变形蟠虺纹，蟠虺纹上对称贴饰三枚横 S 纹。器物内外施褐黄釉，内壁满釉，外壁近足处及外底不施釉，有流釉和积釉现象，流釉和积釉处多呈褐黑色，灰白胎。器型古朴大方，庄重典雅，为西周晚期原始青瓷筒形器，较为少见。

36. 西周印纹硬陶缶 口径 10.7 厘米，高 13.7 厘米，腹径 16.1 厘米，底径 14.7 厘米。敞口，缩颈，溜肩，弧腹外鼓，束胫，近足微外撇，平底饼足。颈部数道细弦纹，肩腹部满饰口字纹。通体灰褐色，砖红胎，为西周早期印纹硬陶典型器。

37. 西周印纹硬陶缶 口径10.9厘米，高13.1厘米，腹径16.2厘米，底径12.4厘米。侈口外翻，缩颈，溜肩，弧腹扁圆外鼓，束胫，近足微外撇，平底饼足。口沿及颈部各饰数道细弦纹，肩腹部满饰变形曲折纹。通体灰青色，浅砖红胎，为西周时期印纹硬陶典型器。

38. 西周印纹硬陶缶 口径 10.5 厘米，高 13.1 厘米，腹径 14.9 厘米，底径 10.7 厘米。侈口外翻，缩颈，溜肩，弧腹外鼓，束胫，平底饼足。颈部饰数道细弦纹，肩腹部满饰口字纹。通体赭褐色，古朴浑厚，纹饰精美。

39. 西周印纹硬陶双系罐 口径 10.8 厘米，高 13.9 厘米，腹径 17.8 厘米，底径 11.9 厘米。直口，短颈，溜肩，鼓腹，腹以下渐内收，平底饼足。口沿以下至肩部饰四组细弦纹，各间饰一圈篦点纹；腹部以下至近底处饰细菱格席纹；肩部对称贴塑一 n 形条形系，赭褐胎，为西周时期印纹硬陶典型器。

40. 西周印纹硬陶回纹双系罐 口径 8.8 厘米，高 15.9 厘米，腹径 16.3 厘米，底径 11.9 厘米。侈口，短颈，溜肩，长弧腹外鼓，腹以下渐内收，平底。颈部饰多道细弦纹，肩以下至近底处满饰 11 层回纹工。肩部对称贴塑一 n 形条形系。通体青褐色，近底处褐红色，灰白胎。该器古朴浑厚，纹饰精美，为西周时期印纹硬陶典型器。

41. 西周印纹硬陶缶 口径 10.1 厘米，高 16.7 厘米，腹径 23.1 厘米，底径 12.9 厘米。侈口外翻，缩颈，溜肩，弧腹外鼓，腹以下内收，平底。颈部饰多道细弦纹，肩以下至近底处饰三层菱格纹工，每个菱格内印口字纹。三层菱格纹工间饰两层连续变形窃曲纹。灰白胎，为西周时期印纹硬陶典型器，较为少见。

42. 西周印纹硬陶双系罐 口径14.7厘米，高20.3厘米，腹径18.3厘米，底径14.3厘米。侈口外翻，直颈，平溜肩，弧腹外鼓，腹以下内收，平底。颈部饰多道细弦纹，肩及上腹部饰变形麦穗纹，腹部至近底处饰席纹，肩部对称贴塑n形条形系。通体灰青色，近底处褐红色，赭褐胎，为西周晚期印纹硬陶典型器。

43. 西周晚期绳索纹出棱硬陶三足鼎 口径 11.2 厘米，高 13.9 厘米，腹径 19.7 厘米。侈口，缩颈，溜肩，弧腹扁圆外鼓，平底，下承三短柱状足。口沿下至颈肩部饰数道水波纹，肩腹部满饰回纹工。肩部对称贴塑一绹索纹 n 字条形系，另一侧对称贴塑扉棱形细长泥条各一。通体灰褐色，造型独特，古朴浑厚，为西周晚期印纹硬陶典型器，稀少。

44. 西周晚期春秋早期印纹硬陶罐 口径9.8厘米，高13.9厘米，腹径15.3厘米，底径7.9厘米。浅直口，束颈，溜肩，鼓腹，腹以下斜弧内收，平底。颈部饰多道细方格纹，下一道细凸弦纹，肩腹部满饰细方格纹，近底处饰筛纹，肩部对称各贴塑一横绹索纹条形系。通体灰青色，灰白胎，为西周晚期春秋早期印纹硬陶典型器。

45. 西周晚期春秋早期印纹硬陶双系卣　口径 8.7 厘米，直径 22.3 厘米，高 12.5 厘米，底径 12.9 厘米。浅直口，束颈，溜肩，斜弧腹外鼓，近底处斜弧内收，平底。肩腹部满饰细方格形口字纹，肩部对称堆贴四条一组条形系，系边各对称堆贴 S 形饰。通体赭褐色，造型独特，古朴浑厚，纹饰精美，为西周晚期春秋早期印纹硬陶精品。

46. 西周晚期春秋早期印纹硬陶双系罐 口径 9.1 厘米，腹径 19.3 厘米，高 32.5 厘米，底径 7.9 厘米。敛口，通体呈长斜弧外鼓橄榄形，近底处斜弧内收，平底。肩部以下至近底处满饰斜方格纹，外底篦划麦穗纹，肩部对称堆贴条形管状系。通体灰褐色，灰白胎。该器造型独特，为西周晚期春秋早期印纹硬陶制品。

47. 西周晚期春秋早期印纹硬陶四系罍 口径 9.4 厘米，直径 21.3 厘米，高 32.5 厘米，底径 8.1 厘米。敞口折沿，短直颈，平肩，长斜弧腹外鼓，腹以下内收，平底。颈部饰多道细弦纹，肩部及正腹部各饰一周多层菱格纹，上腹部饰多层回纹，正腹部以下至近底处饰多层斜回纹。肩部对称贴塑四双泥条变形龙纹系。灰白胎，造型独特，为西周晚期春秋早期印纹硬陶典型器，较为少见。

48. 西周晚期春秋早期印纹硬陶罐 口径 10.2 厘米，直径 21.7 厘米，高 31.8 厘米，底径 10.9 厘米。敞口折沿，短直颈，溜肩，鼓腹，腹以下渐内收，平底。颈部饰多道细弦纹，肩部饰多层回纹，上腹部饰一周变形曲折纹，间饰麦穗纹，正腹部以下至近底处饰多层回纹。灰白胎，为西周晚期春秋早期印纹硬陶制品。

三、春秋时期

49. 春秋原始青瓷双 S 纹罐 高 5.8 厘米，口径 8.2 厘米，腹径 11.4 厘米，底径 7.7 厘米。侈口，缩颈，溜肩，弧腹，腹以下渐内收，平底内凹，粘沙。肩部对称贴饰绹索形系，系边各对称堆贴竖 S 形饰。器物内外满施黄褐釉，有流釉和积釉现象，釉水莹润，开片明显，灰黄胎。器型古朴典雅，为春秋早期原始青瓷薄釉典型器。

50. 春秋原始青瓷水波菱格纹罐 高7.4厘米，口径10.1厘米，腹径12.7厘米，底径9.8厘米。侈口，缩颈，溜肩至腹，腹微鼓，腹以下内收，平底内凹，粘沙。肩腹部满饰七组连续水波纹，近底处饰一圈连续菱格纹，内底多圈弦纹。器物内外满施青黄釉，釉水莹润，开片自然，下腹部有部分蓝色窑变斑，灰白胎。器型古朴典雅，为春秋早中期原始青瓷典型器。

51. 春秋条形系原始青瓷罐 高10.1厘米，口径11.6厘米，腹径16.9厘米，底径12.1厘米。浅折沿，缩颈，溜肩，弧鼓腹，腹以下渐内收，平底粘沙。口沿数道弦纹，肩部对称贴饰两条一组小条形系，内壁通体细弦纹。器物内外满施薄青灰釉，积釉现象明显，积釉处呈褐绿色，内壁通体青灰釉微泛绿，灰黄胎。器型规整典雅，为春秋中晚期原始青瓷薄釉典型器。

52. 春秋原始青瓷飞鸟盖盂 高 9.3 厘米，口径 11.8 厘米，底径 7.1 厘米。器分子母口，盖弧形微凸，中心立塑一飞鸟。盂微侈口，外壁口以下斜内收，饼底有线割痕。盂外口沿下对称贴塑 n 形饰，内壁满弦纹。器物内外满施褐绿釉，积釉现象明显，盖内壁和外圈足、外底因烧结温度较高呈褐色窑汗，灰黄胎。器型典雅灵动，为春秋中晚期原始青瓷典型器之一。

53. 春秋原始青瓷双绳索系弦纹罐 高 9.1 厘米，口径 13.5 厘米，底径 8.7 厘米。侈口，缩颈，肩部凸起一周，肩以下斜内收，平底有线割痕。肩部对称贴饰竖绚索形系，内壁满饰弦纹。器物内外满施薄青黄釉，有积釉现象，灰白胎。器型规整典雅，为春秋中晚期原始青瓷典型器。

54. 春秋原始青瓷飞鸟纹双系盂 口径9.7厘米，高 厘米，底径8.1厘米。侈口，缩颈，肩部凸起一周，肩以下斜内收，平底粘沙。肩部对称贴饰双条形系，肩部篦划一圈变形S纹，腹部拍印一圈飞鸟纹，极为少见。内底饰多圈凹弦纹。器物内外满施青绿釉，有积釉现象，积釉处呈青褐色，釉水莹润，开片自然，灰白胎。器型古朴典雅，纹饰精美，为春秋中晚期原始青瓷典型器，较为少见。

55. 春秋原始青瓷双 S 纹锥刺纹罐 高 6.9 厘米，口径 8.6 厘米，腹径 12.3 厘米，底径 8.1 厘米。侈口，缩颈，溜肩，弧腹微鼓，腹以下渐内收，平底内凹，粘沙。腹部饰三圈篦划锥刺纹。肩腹部对称贴饰绹索形系，系边各对称堆贴竖 S 形饰，内底多圈弦纹。器物内外满施青褐釉，釉色较深，有积釉现象，釉水莹润，灰白胎。器型古朴典雅，为春秋时期吴越地区特有的原始青瓷装饰，较为典型。

56. 春秋原始青瓷双S纹鱼篓罐 高6.8厘米，口径7.7厘米，底径8.0厘米。侈口，缩颈，溜肩至腹，腹以下渐内收，平底内凹，粘沙。肩部对称贴饰绹索形系，系边各对称堆贴竖S形饰，内底多圈弦纹。器物内外满施青黄釉，有流釉和积釉现象，积釉处呈青褐色，釉水莹润，开片自然，灰白胎，器型古朴典雅。

57. 春秋原始青瓷锥刺纹三足鼎 高 8.9 厘米，口径 15 厘米。侈口，缩颈，弧鼓腹，腹以下渐内收，平底，底部短三足外撇。口沿下饰一圈联珠纹，肩部饰两圈篦划锥刺纹。颈肩部对应三足处贴饰三条形扉棱，棱上堆贴横 S 形饰。器物内外满施青黄釉，有流釉和积釉现象，釉水莹润，内底和足有部分蓝色窑变釉，灰黄胎。器型古朴庄重，为春秋时期吴越地区特有的原始青瓷器型，较为少见。

58. 春秋原始青瓷弦纹盘 口径 17.4 厘米，高 5.2 厘米，底径 9.3 厘米。敞口，浅弧腹下收，平底粘沙，有线割痕。内口沿下一圈凹弦纹，盘内底满饰多圈弦纹，内底见明显垫烧痕。外壁下腹部凸起一周弦纹。器物内外满施黄绿釉，有积釉现象，釉水莹润，开片自然，灰白胎。器型古朴，纹饰精美，内底垫烧痕迹对研究原始青瓷乃至中国古代瓷器的装烧工艺有重要价值。

59. 春秋原始青瓷麦穗纹罐 高 20.2 厘米，口径 20.9 厘米，腹径 29.4 厘米，底径 23.1 厘米。侈口，微折沿，缩颈，溜肩，鼓腹，腹以下渐内收，平底。口沿下一圈多层水波纹，肩以下至底足满饰变形麦穗纹，肩部对称贴饰三条一组条形系。器物内外满施黄青釉，灰黄胎。器型大方庄重，为春秋晚期原始青瓷典型器。

60. 春秋原始青瓷匜 高 6.4 厘米，口径 13.8 厘米。口微敛，下腹部斜收，平底，口沿一侧出流，流部呈半管状弧形外展。内壁满饰多圈弦纹。器物内外满施薄青褐釉，有积釉现象，灰白胎。器型庄重古朴，为春秋晚期仿青铜器的原始青瓷典型器。

61. 春秋印纹硬陶平口罐 口径 8.9 厘米，腹径 20.3 厘米，高 19.5 厘米，底径 11.1 厘米。直口，短直颈，平肩，鼓腹，腹以下渐内收，平底。肩腹结合部饰一圈凸弦纹，肩部至近底处满饰席纹。肩部对称各贴塑一倒三角条形饰，其上堆贴横 S 形饰。通体赭褐色，灰胎。该器造型独特，纹饰精美，为春秋时期印纹硬陶精品。

62. 春秋印纹硬陶双系罐 口径 11.9 厘米，腹径 19.7 厘米，高 28.7 厘米，底径 8.3 厘米。敞口折沿，束直颈，溜肩，鼓腹，腹以下渐内收，平底。颈部饰多道细弦纹，肩部至近底处满饰多层斜菱格形回纹，肩部对称各贴塑一泥条形系。通体灰褐色，灰白胎。该器端庄大气，为春秋时期印纹硬陶制品。

63. 春秋印纹硬陶兽形壶 长 20.1 厘米，高 12.1 厘米。圆口上翘，直颈，通体扁椭圆形，腹以下内收至胫，平底。背部贴饰一玉璜形双孔系，尾部为泥条贴塑，内卷为勾云形，肩部至近底处满饰多层斜曲折纹。通体灰褐色，灰白胎。该器造型奇特，为春秋时期印纹硬陶精品，颇为少见。

64. 春秋印纹硬陶双系罐 口径 10.8 厘米，腹径 21.5 厘米，高 27.3 厘米，底径 7.9 厘米。敞口折沿，束直颈，溜肩，鼓腹，腹以下渐内收，平底。颈部饰多道细弦纹，肩部至近底处满饰多层斜方格形席纹，肩部对称各贴塑一宽泥条形系。通体灰褐色，灰白胎，为春秋时期印纹硬陶制品。

65. 春秋水波纹印纹硬陶罍 口径10.2厘米，腹径20.7厘米，高23.3厘米，底径7.6厘米。敞口，弧颈，溜肩，鼓腹，腹以下渐内收，平底。颈部饰多道细弦纹，肩腹部饰三组三层连续水波纹，下腹部至近底处饰多层斜方格形席纹，肩腹部对称各贴饰一头部勾连云纹的细长变形龙纹。通体褐红色，砖红胎，应为春秋时期吴越地区印纹硬陶制品。

66. 春秋印纹硬陶双系罐　口径7.6厘米，高13.9厘米，腹径18.3厘米，底径7.6厘米。直口，斜直颈，平溜肩，扁鼓腹，腹以下渐内收，束胫，平底。颈部饰多道细弦纹，肩腹部满饰斜长曲折纹，近底处饰多层回纹，肩部对称各贴塑一竖双泥条系。通体赭褐色，灰白胎。该器纹饰精美，古朴庄重，为春秋时期印纹硬陶典型器。

67. 春秋印纹硬陶四系罐 口径7.7厘米，高13.2厘米，腹径17.6厘米，底径7.1厘米。直口，弧颈，平溜肩，鼓腹，腹以下渐内收，束胫，平底。颈部饰多道细弦纹，肩部至近底处通体饰多层连续多重菱格纹，肩部对称贴塑四竖双泥条系，系下合为一抽象龙状饰。通体赭褐色，纹饰精美，应为春秋时期吴越地区印纹硬陶制品。

68. 春秋菱格纹印纹硬陶罐 口径8.7厘米，高13.2厘米，腹径17.1厘米，底径8.1厘米。直口，斜直颈，溜肩，鼓腹，腹以下渐内收，平底。颈部饰多道凹弦纹，肩与上腹部饰弦纹，间饰两层多重菱格纹，下腹部至近底处饰多层回纹；肩部对称各贴塑一竖双泥条系，另一侧贴塑两连续点状饰。通体灰白色，灰胎，该器纹饰精美，为春秋时期印纹硬陶典型器。

69. 春秋印纹硬陶烤炉 高 8.1 厘米，直径 28.2 厘米。圆口，宽沿，斜弧壁内收，束腰，胫外撇，高圈足。外口沿斜滑至内口沿，内腹中空，内底平微凸。外口沿及外壁饰变形 S 纹和 C 纹，圈足处一圈相间 13 处梯形镂空。外壁对称贴塑四牛首形系，系下各穿一圆环。通体灰褐色，灰胎。该器仿青铜器造型，端庄大气，档次较高，为春秋晚期印纹硬陶精品。

70. 春秋印纹硬陶菱格纹双系罐 口径8.9厘米，高11.8厘米，腹径16.1厘米，底径7.3厘米。直口，斜直颈，溜肩，扁鼓腹，腹以下渐内收，束胫，平底。颈部饰多道细弦纹，肩至近底处满饰弦纹，间饰两层多重菱格纹。肩部对称各贴塑一竖双泥条系，另一侧贴塑一横S形饰。通体灰褐色，灰胎。该器纹饰精美，为春秋时期印纹硬陶精品。

71. 春秋菱格纹印纹硬陶罐 口径7.5厘米，高13.8厘米，腹径20.1厘米，底径7.8厘米。直口，短斜直颈，溜肩，扁鼓腹，腹以下渐内收，束胫，平底。颈部饰多道细弦纹，肩部至近底处通体弦纹，间饰两圈连续多重菱格纹，且每个菱格纹内贴四个水滴状饰；肩部对称各贴塑一倒三角形泥条系，系下贴饰一变形龙头状饰。通体灰褐色，砖红胎，为春秋时期印纹硬陶典型器。

72. 春秋硬陶双系罐 口径 7.6 厘米，高 12.2 厘米，腹径 17.3 厘米，底径 7.9 厘米。直口，短直颈，斜肩，弧腹外鼓，腹以下渐内收，平底。肩腹相接处饰一圈凸弦纹，肩部对称贴塑一绹索纹 n 形系。通体褐红色，该器造型简洁，为春秋时期印纹硬陶。

73. 春秋晚期战国早期印纹硬陶罐 口径 10.3 厘米，高 13.1 厘米，直径 17.2 厘米，底径 8.8 厘米。敞口，缩颈，平溜肩，鼓腹扁圆渐内收，平底。颈部饰多道细弦纹，肩部至近底处通体饰米字纹地圆圈纹。通体褐红色，砖红胎，该器造型及纹饰简洁，为春秋晚期战国早期印纹硬陶典型器。

四、战国时期

74. 战国原始青瓷三足鼎 高16.5厘米，口径16.3至18.3厘米。口微敞，平折沿，缩颈，深垂腹，平底微内凹粘沙。器口沿对称置两半环形立耳，三足承底外撇。器物内外满施青黄釉，有积釉现象，积釉处呈青绿色，釉水莹润，开片自然，外底有局部蓝色窑变，灰黄胎。器型仿青铜礼器，端庄大气，为战国早期原始青瓷典型器，档次较高。

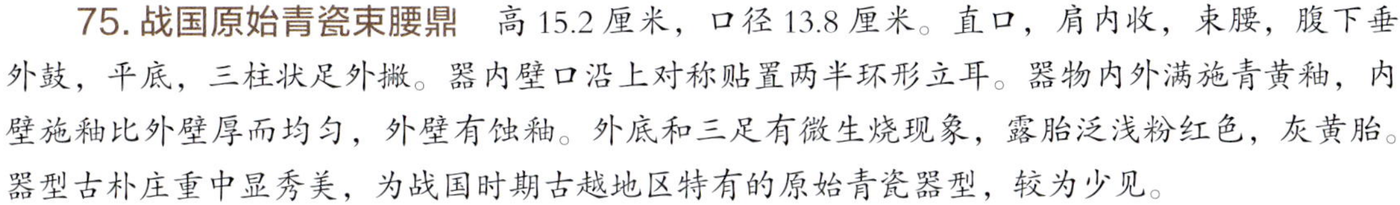

75. 战国原始青瓷束腰鼎 高 15.2 厘米，口径 13.8 厘米。直口，肩内收，束腰，腹下垂外鼓，平底，三柱状足外撇。器内壁口沿上对称贴置两半环形立耳。器物内外满施青黄釉，内壁施釉比外壁厚而均匀，外壁有蚀釉。外底和三足有微生烧现象，露胎泛浅粉红色，灰黄胎。器型古朴庄重中显秀美，为战国时期古越地区特有的原始青瓷器型，较为少见。

76. 战国原始青瓷钵 高 9.8 厘米，口径 10.9 厘米，腹径 13.8 厘米，底径 9.6 厘米。直口，小溜肩，肩以下渐内收至底，平底有线割痕，厚胎。器物内壁满饰弦纹。内外满施青黄釉，外壁部分区域釉面呈玻璃光泽，灰黄胎，器型端庄秀美。

77. 战国原始青瓷把杯 高14.2厘米，口径7.2厘米，底径13厘米。浅直口，小溜肩，长弧腹至底，平底，三乳丁足。下腹近足处三组弦纹，间饰两圈勾云纹。肩腹部对称处，一侧贴塑宽条状Z形鋬，上另有一宽条连接肩部；另一侧肩部贴塑勾连云纹及环形耳，中缀活环。内外满施青黄釉，外壁有流釉和积釉现象，积釉处呈青绿色，灰黄胎。器型端庄秀美，为战国时期古越地区原始青瓷精品。

78. 战国原始青瓷豆 高 9.8 厘米，口径 15.8 厘米，底径 9.8 厘米。敞口，圆唇，浅弧腹内收呈盘形，高柄，喇叭形圈足底座。外壁下腹部有多圈浅凹弦纹，柄中间四圈深凹弦纹，圈足底座边沿处有三圈深凹弦纹，内壁口沿下有数圈浅凹弦纹。内外满施青黄釉，有流釉和积釉现象，积釉处呈青绿色。喇叭形圈足底座内壁不施釉，灰黄胎。器型仿青铜器造型，端庄秀美，为战国时期原始青瓷典型器。

79. 战国原始青瓷双兽耳鉴 高 6.6 厘米，口径 23.6 厘米，底径 14.1 厘米。平口，直颈，折腹，弧腹内收，平底。外壁器身凸起三圈弦纹，口沿下对称贴塑双兽耳。内外施青褐釉，有积釉现象，积釉处呈青绿色，内底部分未施釉，灰黄胎。器型仿青铜器造型，端庄大气，档次较高。

80.战国原始青瓷双兽耳卣 高16.4厘米，口径7.2厘米，腹径16.4厘米，底径10.7厘米。直口，短颈，折肩，长弧腹内收，小平底。肩腹部对称各饰一耳，耳上部贴塑一条形环，下贴一倒置铺首形饰。施青黄釉，有积釉现象，积釉处呈青绿色，灰黄胎。器型仿青铜器造型，古朴庄重，端庄大气，档次较高，为战国早期原始青瓷典型器。

81. 战国原始青瓷竖条纹双耳罐 高 9.1 厘米，口径 8.9 厘米，底径 6.2 厘米。敛口，长弧腹内收，小平底。器身满饰竖条纹，肩腹部对称各贴饰一条状变形长 S 耳。外壁施薄青褐釉，内壁不施釉，近足处和底部呈褐红色。器型典雅秀美，变形长 S 耳有蛇图腾崇拜意蕴，为战国时期古越地区原始青瓷典型器。

82. 战国原始青瓷勾云纹洗　高 6.3 厘米，口径 17.8 至 18.4 厘米，底径 11.8 厘米。平口，直颈，折腹，弧腹内收，平底有线割痕。外壁口沿下至器身饰三组凹弦纹，间饰两圈勾云纹。内外施青黄釉，有积釉现象，积釉处呈青绿色，釉水莹润。内壁满釉呈青绿色，外底无釉，近足处和底部呈褐红色，灰黄胎。器型仿青铜器造型，端庄大气，档次较高。

83. 战国原始青瓷水波纹洗 高6.2厘米，口径18.1厘米，底径9.2厘米。平口，直颈，折腹，弧腹内收，平底。外壁口沿下至器身饰两组凹弦纹，间饰两组篦划连续水波纹。内外施青黄釉，有积釉现象，积釉处呈青绿色，釉水莹润。内壁满釉，外底无釉，近足处部分呈褐红色，灰白胎。器型仿青铜器造型。

84. 战国原始青瓷敛口钵 高 6.3 厘米，口径 10.6 厘米，底径 6.6 厘米。敛口，肩部凸起一周，肩以下斜内收，平底粘沙。肩部一侧贴饰竖条纹，内壁满饰弦纹。器物内外满施青绿釉，釉水莹润，开片自然。有积釉现象，积釉处釉色深绿，玻化程度较高，灰白胎。器型规整，典雅秀美，釉光一流，为原始青瓷精品。

85. 战国原始青瓷卣 高 12.6 厘米，口径 9.1 厘米，底径 9.8 厘米。侈口，缩颈，斜弧腹外鼓，腹以下渐内收，平底粘沙。内口沿多圈弦纹，内壁通体弦纹。器物内外满施薄青黄釉，有流釉和积釉现象，积釉处呈青绿色，釉水莹润，开片自然，有玻璃光泽，灰黄胎，器型古朴典雅。

86. 战国原始青瓷弦纹杯 高 7.9 厘米，口径 12.1 厘米，底径 6.8 厘米。敛口，斜弧腹内收至底，平底粘沙有线割痕。外壁有深浅不一的多圈弦纹，其中腹部多条凹弦纹，内壁通体弦纹。器物外壁施青绿釉，有流釉和积釉现象，积釉处呈深绿色，釉水莹润，有玻璃光泽。内壁施青绿釉，内底不施釉露灰白胎。外底和圈足有部分蓝色窑变釉。器型规整大气，烧结温度较高，叩之清脆悦耳，釉水青绿，已达成熟青瓷水平，为战国时期原始青瓷生活用器。

87.战国原始青瓷盅 口径11.9厘米，高5.6厘米，底径 4.7厘米。敞口，斜直腹微内收，折胫，凸小平底粘沙。内口沿下一圈凸起弦纹，内壁、内底通体弦纹。器物通体满施青绿釉，有积釉现象，积釉处呈深绿色，釉水莹润，有玻璃光泽，灰白胎。外底和圈足有部分蓝色窑变釉。器型规整，烧结温度较高，里外满釉，釉水青绿，已达成熟青瓷水平，为战国时期原始青瓷生活用器。

88. 战国原始青瓷镈钟 高 21.6 厘米，合瓦底径 14.7 厘米。变形“几”字形钮，椭圆形平肩，斜直腹微外张，椭圆形合瓦。“几”字形钮上戳印多圆圈纹，器身口沿处戳印一圈连珠纹。器身腔体两面纹饰相同，各饰左右对称两组五层 S 纹，分别贴塑三行九枚乳钉，共计 18 枚。腔体中间饰竖长方形，两边各饰凹斜线纹。腔体乳钉上下各承两圈凹弦纹，间饰篦划短斜线纹。器身下腹部中央一组 S 纹，中镂穿五孔。器物通体满施青黄釉，有积釉现象，积釉处呈青绿色，灰黄胎。器型端庄大气，为战国时期原始青瓷仿青铜乐器，档次较高，少见。

89. 战国原始青瓷句鑃 高 38.5 厘米，合瓦底径 16.7 厘米。柄部横截面呈长方形，分两段，渐向顶部收尖。椭圆形平肩，斜直腹微外张，器身横截面呈椭圆形，合瓦口沿呈凹弧形。肩部以下一圈凹弦纹，两圈 S 纹，下饰一圈三角纹，三角纹内满饰 S 纹。器物通体满施薄青黄釉，局部有蓝色窑变釉，灰黄胎。器型端庄大气，为战国时期古越国特有的原始青瓷仿青铜乐器，档次较高，少见。

90. 战国晚期西汉早期原始青瓷蛙形鼎 高 12.2 厘米，直径 14.3 厘米。平直口，缩颈，鼓腹渐内收，平底，下承三柱状足。口沿对称贴塑一桥型耳，另一侧贴塑一蛙形兽面，兽面双耳翘起，双眼镂空，吻凸起，上吻处有交叉斜线纹。通体灰褐色，砖红胎。该器造型精奇，包浆浑厚，为战汉时期原始青瓷精品。

91. 战国麻布纹硬陶四系罐 口径6.1厘米，高9.8厘米，腹径10.1厘米，底径6.7厘米。直口，短颈，弧肩，斜弧腹外鼓，腹以下渐内收，平底。通体拍印麻布纹，肩部对称贴塑双细管状系。通体灰褐色，灰胎。该器造型简洁，纹饰细密，工艺精湛，烧结温度高，为战国时期麻布纹印纹硬陶典型器。

92. 战国麻布纹印纹硬陶杯 口径 9.3 厘米，高 13.2 厘米，底径 6.8 厘米。直口，长斜弧腹，下腹渐内收，平底。通体拍印麻布纹，肩部用细泥条对称贴塑呈倒“八”字形 S 形饰，“八”字形内贴饰勾云纹。通体灰褐色，口沿及近底处赭褐色。该器造型简洁，纹饰精美，为战国时期麻布纹印纹硬陶精品。（陈关龙　藏）

五、两汉时期

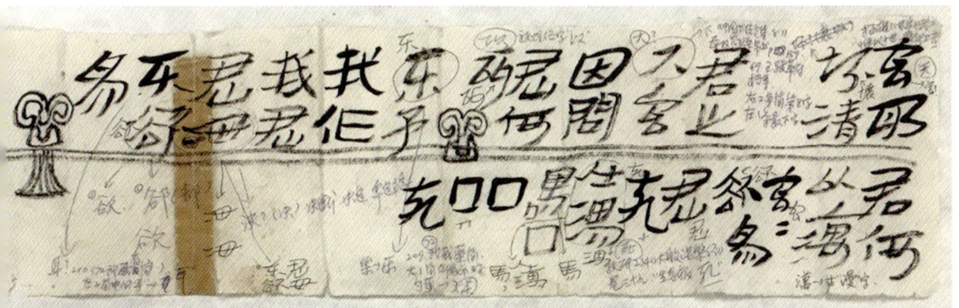

西汉原始青瓷瓿 铭文摹写

93. 西汉原始青瓷带铭文瓿 高 33.6 厘米，腹径 25.1 厘米，底径 11.6 厘米。平口，缩颈，溜肩，斜弧腹外鼓，腹以下渐内收，平底粘沙。外壁上半部三圈凸弦纹，其间刻写三十余字铭文（字数多且清晰，极为罕见，具有较高的史料、书法等价值），中间一圈篦点纹，肩部对称贴饰兽形耳。器物上半部施褐黄釉，有流釉和积釉现象，积釉处呈褐黑色，釉水莹润，开片自然，有玻璃光泽，下半部呈褐红色，灰黄胎。器型古朴庄重，为西汉时期原始青瓷典型器。

94. 西汉原始青瓷盖壶 口径14厘米，腹径32厘米，底径12厘米，高45厘米。敞口，收颈，鼓腹，双肩贴饰铺首衔环，采用淋釉法，器身有自然剥釉。造型规整庄重，有青铜礼器风韵，带盖难得，上塑一鸟，平添灵动。整器较为少见。

95. 西汉原始青瓷长颈盖壶 口径7厘米，腹径28厘米，底径12厘米，高40厘米。鼓腹，长颈，盘口，带原配钮盖，器型独特、少见。淋釉法施釉，釉色青绿，釉面完好。肩部双系上贴虎首，下饰捏环。整器保存完好，是西汉原始青瓷中的一件精品。

96.汉代原始青瓷双系壶 口径12厘米，腹径21厘米，底径12厘米，高30厘米。侈口，束颈，丰肩，高圈足，采用淋釉法施釉，颈部不着釉处也密布窑汗，可见烧成温度之高。造型规整、大气、有力度，肩部双系带羊角形饰，同时用竹木刻划双层水波纹，极为快速、灵动。

97. 汉代原始青瓷长颈壶 口径3厘米，腹径15厘米，底径11厘米，高21厘米。高圈足，鼓腹，长颈，小翻口，造型较少见。肩部三组弦纹，中间刻划水波纹及菱形点饰纹，灵动有力。采用淋釉法，但剥釉严重。胎体偏灰白，与江浙同时期原始青瓷胎骨呈铁褐色明显不同，应为广西地区特有产品。

98. 西汉原始瓷三足盖鼎 高15.1厘米，直径13厘米。鼎分子母口，鼎身浅直口，斜弧腹内收，平底，底承三粗壮蹄形足，口沿处对称贴塑宽錾耳。鼎盖平顶，弧形下扩与鼎口扣合，顶盖两圈凹弦纹，对称贴塑三蒂状捉手，捉手中心穿孔。器身施黄绿釉，器型端庄大气，为汉代原始青瓷典型器。

99. 汉代原始青瓷羊 高 11.3 厘米，长 13.1 厘米，宽 5.3 厘米。羊仰首平视，直背，四足直立。羊首处两角盘羊耳，凸鼻，凹眼，嘴部线割凹陷，羊尾肥硕下垂。器身施黄青釉，剥釉明显；蹄部呈褐红色，灰黄胎。造型生动，比例准确，为难得的动物造型艺术精品。

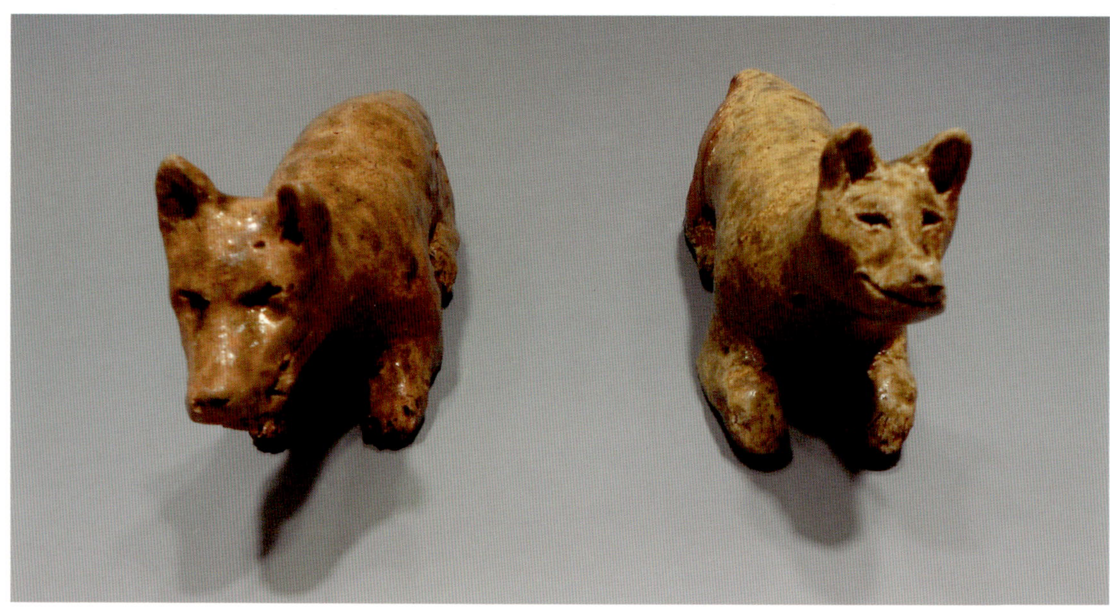

100. 东汉原始青瓷犬（一对） 一长 17.8 厘米，高 7.9 厘米；二长 19.2 厘米，高 8.2 厘米。象生犬一对，一雄一雌，双耳上翘，双深凹线做眼，双小圆孔做鼻孔，圆弧形凹线做嘴。一犬头平视，蹲踞，垂尾；另一犬仰视，蹲踞，翘尾，形态生动，动感十足。器施褐黄釉，有积釉现象，积釉处呈褐绿色，釉水莹润，开片自然，有玻璃光泽。露胎处呈褐红色，灰黄胎。尺寸较大，成对难得，较为少见。

101. 汉代原始青瓷角形器 高 14 厘米，底径 4 厘米。人工施釉，露胎处多见铁红色，烧成温度高。器表满工，装饰精美，由上而下戳印圆珠纹，刻划弦纹及篦点纹。器型呈兽角，在同时期及此前墓葬中屡见，用途说法较多，但无疑属随葬明器。

102. 东汉原始青瓷槅盘 高 4.5 厘米，口径 17.7 厘米，底径 9.2 厘米。直口，厚唇，浅弧腹，小平底微内凹。盘内壁以中间条形圆环分为内外两区，外区以七根长方形泥条分为七区，内区以十字形泥条分隔为四小区。器施褐黄釉，内壁满釉，有积釉现象，积釉处呈浅褐黑色，釉水莹润，开片自然，有玻璃光泽。外底足处不施釉，有流釉现象，露胎处呈褐红色，灰白胎。器型古朴，开三国两晋青瓷槅盘之先河，在原始青瓷中较少见。

六、添加、修复及仿制品

真品添加、修复件

1. 西周原始青瓷罐（双绳索系后加） 直口，溜肩，鼓腹，腹以下渐内收，平底。肩与上腹部饰三道细弦纹和三层篦点纹。通体黄绿色，灰白胎。该器端庄大气，纹饰精美，为西周中晚期原始青瓷典型器。但肩两侧绳索形系耳造型过粗，极不自然，与器物真品有较大差距。

2. 西周原始青瓷豆（下口沿有修） 豆为西周时期原始青瓷食器，该器口沿下部有缺，后修复。此件与真品相比，修补处颜色与周围相近处有明显色差，且没有开片，需仔细辨认。如用手触摸，胎体硬度与真品也有一定差异。

3. 春秋印纹硬陶罐（双耳后加） 侈口，直颈，溜肩，长弧腹外鼓，腹以下渐内收，平底。颈部饰多道细弦纹，肩部饰多层曲折纹，近底部饰多层回纹。通体灰黑色，灰白胎。该器端庄大气，纹饰精美，为春秋早中期印纹硬陶典型制品。但细审可见两侧鸟兽形耳造型不古，缺少力度，与器物本身有粘结痕，为后添谋利之举，慎之。

4. 春秋印纹硬陶双系罐（双系及器表贴饰后加） 直口，短直颈，斜肩，鼓腹，腹以下渐内收，平底。腹部饰三圈水波纹，灰胎，为春秋时期常见硬陶品种。细察可见腹部一圈凸起弦纹为后加，弦纹上下又分别后加饼纹和横S纹装饰，同样，绳索形双系也为后加。这些后加贴饰物胎质与颜色均与真品有别，质感有肉无骨，有画蛇添足之感，但对新手有较大迷惑性与欺骗性。

5. 春秋印纹硬陶双系罐（器身及底部修复） 该器底部砖红色，有明显生烧痕迹。此件碎裂后修复，修补处颜色较鲜艳，与周围相近处有明显色差，且包浆过渡欠自然，需细审体会。

6. 春秋印纹硬陶双系罐（碎片修复） 侈口外翻，直颈，溜肩，弧腹外鼓，腹以下内收，平底。颈部饰多道细弦纹，肩腹部至近底处满饰席纹；肩部对称贴塑一 n 形条形系。通体灰褐色，但碎裂后修补痕迹明显，对器物经济价值影响较大。

7. 战国印纹硬陶罐（左耳新加，口沿有修） 直口短颈，溜肩，鼓腹，腹以下内收，平底。器身满饰多道连续水波纹，肩部对称贴塑一管状条形系，通体灰色，灰白胎。该器古朴浑厚，但左耳新修，胎色偏白，与器物真品有色差；口沿有修，如用手触摸，胎体硬度有差异，需认真辨别，对器物经济价值有一定影响。

原始瓷与印纹陶仿制品

1. 当代仿西周晚期原始瓷罐 该仿品与真品相比，问题有五：一是釉水与西周晚期原始瓷的青褐色釉差别较大，且缺乏流釉痕；二是肩腹部的变形云雷纹线条生硬，缺乏灵动感；三是贴塑S纹过于圆粗，没有真品的力度；四是贴塑的卷头抽象龙纹没有真品的力度感，且卷头部分过大；五是器表人为做旧痕迹明显，剥釉、土沁欠自然。

2. 当代仿西周原始瓷罐 该仿品与真品相比，问题有六：一是胎骨生硬，器物手感偏重；二是胎体褐红色，与西周晚期原始瓷的灰白、灰黄色系的胎色有很大区别；三是釉水与西周晚期原始瓷的青褐色釉差别较大，且缺乏流釉痕；四是肩腹部的变形米字纹浑浊不清，缺乏力度；五是贴塑S纹没有真品的力度；六是器表人为涂抹浮土，做旧痕迹明显。

3. 当代仿春秋锥刺纹原始瓷钵 该仿品与真品相比，问题有三：一是釉水与春秋早中期原始瓷的薄青釉、青黄釉釉色差别较大，无温润感；二是肩部的变形勾云纹缺乏力度，锥刺纹没有篦划时的锋利感；三是胎体生硬，与春秋时期原始瓷灰白、灰黄色系胎色有较大区别。

4. 当代仿春秋原始青瓷出戟尊 该仿品相对于真品，问题有四：一是器型与真品相比缺少霸气，敞口外敞不足，出戟与中部凸出部分没有力度；二是釉水与春秋中晚期原始瓷的青绿釉、青黄釉釉色差别较大，缩釉积釉处无温润感；三是下腹部凸出部分的变形纹饰模糊不清且缺乏力度，与真品相差甚远；四是胎体生硬，与春秋晚期原始瓷的灰白、灰黄胎有较大区别。

5. 当代仿春秋原始瓷尊 该仿品与真品相比，问题有三：一是器型与真品比较既缺少青铜器的霸气，也缺少青铜礼器的庄重，特别是敞口外敞不足，中部凸出部分没有力度；二是釉水与春秋中晚期原始瓷的青绿釉釉色差别较大，积釉处无玻璃光泽；三是外部的两层连续蟠虺纹饰软弱无力，与真品相差甚远。

6. 当代仿春秋原始瓷锥刺纹尊 该仿品与真品相比，器型较类似，但整体质感生新，其问题有三：一是釉水与春秋早中期原始瓷的青绿釉、青褐釉釉色差别较大，缩釉积釉处釉面无温润感；二是肩部的贴塑绹索纹缺乏力度且相对较粗，锥刺纹软弱无力，没有篦划时的锋利感，与真品相差甚远；三是胎体生硬，土质偏新，与春秋时期原始瓷的灰白、灰黄色系的胎体有较大区别。

7. 当代仿战国原始瓷单柄杯　该仿品水平比较低下，与真品相比，问题有四：一是釉水与战国早中期原始瓷的青绿釉、青黄釉釉色差别较大，无真品缩釉积釉处釉面的温润感，且釉表生涩，剥釉极不自然；二是肩腹部的方格纹模糊不清，缺乏力度；三是胎体生硬，土质偏新，与战国时期原始瓷灰白、灰黄色系熟旧胎土有较大区别；四是底足无粘沙、浅火石红、线割痕等真品特征。整体而言，该器与真品相差甚远。

8. 当代仿战国原始瓷鉴 该仿品与真品相比，仿制水平较高，器型较规整，青绿釉较类似，主要问题有五：一是釉水与战国早中期原始瓷的青绿釉、青黄釉相比，缺乏玻璃光泽，缩釉积釉处釉面温润感不足；二是缺乏真品的自然开片，器物整体发闷；三是口颈部贴塑的勾云纹和环耳显得臃肿，外壁瓦楞纹缺乏力度与流畅感；四是胎体生硬，与战国时期原始瓷灰白、灰黄色系的老旧胎体有较大区别；五是底足刻意涂抹浮土，污浊不堪，无真品的粘沙、浅火石红、线割痕等特征，人为做旧痕迹明显。

9. 当代仿战国原始瓷句鑃 该仿品与真品相比，仿制水平尚可，器型较规整，青绿釉较类似，主要问题有四：一是器型上提耳与器身比例不够协调；二是釉水与战国早中期原始瓷的青绿釉、青黄釉相比，缺乏玻璃光泽，缩釉积釉处釉面缺乏温润感；三是缺乏真品的自然开片，器物整体发闷；四是器身上的蟠虺纹和蕉叶纹与真品相比，蟠虺纹缺乏力度，蕉叶纹锋利感不足。整体造型及质感与真品有较大差距。

10. 当代仿战国原始瓷镇 该仿品与真品相比，仿制水平较高，器型较规整，青绿釉较类似，但胎釉整体质感偏嫩，主要问题有三：一是釉水与战国早中期原始瓷的青绿釉、青黄釉相比，缺乏玻璃光泽，积釉处釉面的温润感不足；二是顶部与腹部的蟠虺纹与真品差异明显，且纹饰较生硬，不够灵动，缺乏力度；三是开片没有深入胎骨，浮在器物表面，有人为做旧痕迹。

11. 当代仿战国原始青瓷瓿 该仿品与真品相比，仿制水平较高，器型较规整，黄绿釉较类似，但胎釉质感相对显得生嫩，主要问题有三：一是釉水与战国早中期原始瓷的黄绿釉相比，缺乏玻璃光泽，积釉处釉面的温润感不足；二是胎体生硬，与战国时期原始瓷灰白、灰黄色系的熟旧胎体差别较大，手感差异更为明显；三是底足无真品的粘沙、浅火石红、线割痕等特征，与真品质感差异明显。

12. 当代仿战国原始青瓷提梁盉 该仿品与真品相比，主要问题有四：一是整体器型上缺少真品的端庄和霸气；二是器物整个腹部过圆浑，不如真品呈微扁平弧形，且提梁凸出部分没有力度；三是釉水经人为处理显得生涩，与战国早中期原始瓷的青绿釉相比，缺乏玻璃光泽，积釉处釉面无温润感；四是胎体生硬，与战国时期原始瓷灰白、灰黄色系的熟旧胎体有较大区别，有人为做旧痕迹，手感差异更为明显，与真品相差甚远。

13. 当代仿战国原始青瓷香熏 该仿品与真品相比，仿制水平较高，器型较规整，青绿釉较类似，主要问题有五：一是釉水与战国早中期原始瓷的青绿釉相比，缺乏玻璃光泽；二是器身上的蟠虺纹等纹饰与真品相比，灵动感不够，缺乏力度与流畅感；三是缺乏真品的自然开片，器物整体老气不足；四是胎体缺乏熟旧感，与战国时期原始瓷灰白、灰黄色系的胎体相比，相对显得生嫩；五是器物整体较为生硬，器表有人为做旧痕迹，与真品有一定差距。

14. 当代仿战国原始瓷罍形器 该仿品与真品相比，主要问题有四：一是器物整体较为生硬，器型与真品有一定差距；二是与战国早中期原始瓷的青绿釉相比，釉水过薄，缺乏玻璃光泽，积釉处釉面温润感不足；三是胎体过于生硬，与战国时期原始瓷灰白、灰黄色系的熟旧胎土差别较大，手感差异明显；四是器身上的蟠虺纹等纹饰与真品相比，灵动感不够，缺乏力度与流畅感。

15. 当代臆造战国原始瓷礼器 该器纯属拼凑臆造，主要问题有四：一是春秋战国原始瓷无此器型；二是釉水与战国早中期原始瓷的青绿釉相比，缺乏玻璃光泽，积釉处无温润感；三是胎体生硬，做旧痕迹明显，与战国时期原始瓷灰白、灰黄色胎有较大区别，手感差异明显，与真品相差甚远；四是纹饰和贴塑饰物的组合关系纯属臆造。

16. 当代臆造战国原始瓷兽 该器纯属臆造，造型不古，柔媚不堪，哗众取宠，主要问题有三：一是春秋战国原始瓷无此器型；二是釉水与战国早中期原始瓷的青绿釉相比，釉水过薄，缺乏玻璃光泽；三是胎体生硬，与战国时期原始瓷灰白、灰黄色熟旧胎体有较大区别，手感过重，差异明显，仿制水平比较低劣。

17. 当代仿汉代原始瓷壶　该壶造型与真品略似，采用淋釉法施釉，釉集中于口沿、肩部及内底，肩部呈垂泪状下挂，有一定迷惑性。然细审可见胎骨生新，釉色偏浅，釉面显嫩且釉质干涩，器表通过涂抹浮土等人为做旧，整体质感明显欠老成。此类仿品近年民间收藏品市场多见。

18. 当代仿汉代原始瓷鸮形器 该器具有较大诱惑性和欺骗性，但仔细审视，有如下问题：一是釉色深重，且剥釉欠自然；二是鸮首双系及双翼堆塑、刻划纹饰疲软无力度；三是器表及底足人为做旧痕迹明显。故为当代仿品，猎奇者特别容易上当。

19. 当代仿汉代原始瓷鸮形器 该器造型略同于前者，但问题较复杂，属于新旧参半品：其腹身确为汉原始瓷壶，由于有残缺，故锯口去底，同时通过粘贴双足一尾，配以捏制盖首，人为拼凑成鸮形器。但头、身、足明显色泽、质感不同，且鸮首制作拙劣，底足粗笨，毫无灵气。此类基于残破旧器改造、拼凑之物需从整体气韵及结构细节多方审视，切不能一叶障目，受骗上当。

20. 当代仿商周印纹陶盉 该仿品仿福建地区商周时期印纹陶，与真品相比，主要问题有三：一是器型不符，真品腹部更扁平狭长，敞口更直；二是器身上的纹饰与真品相比，不够清晰，缺乏力度与灵动感；三是胎体生硬，与商周时期闽浙赣地区印纹陶的灰色系、浅砖红色系的疏松胎体有较大区别，手感较重，与真品差异明显。

21. 当代仿西周云雷纹印纹硬陶罐 该仿品与真品相比，仿制水平较好，器型类似，但主要问题有四：一是器表无西周时期真品的包浆与窑汗，无古朴老旧气息；二是烧结温度较真品偏低，整体不够硬朗挺括；三是器身上的云雷纹与真品相比不清晰，缺乏真品纹饰深入胎骨的力度与流畅感；四是胎体生硬，与西周时期印纹硬陶的灰胎、灰白胎有较大区别，手感明显过重。

22. 当代仿春秋印纹硬陶四系罍 该仿品与真品较类似，仿制水平一般，主要问题有五：一是器型整体不够硬朗挺括，烧结温度比真品偏低；二是器表无春秋时期真品的包浆与窑汗，缺少古朴老旧气息；三是器身上的戳印圆圈纹等纹饰粗简，与真品相比不清晰，缺乏真品纹饰深入胎骨的力度与流畅感；四是兽形四系造型猥琐，毫无古意；五是胎体生硬，与春秋时期印纹硬陶的灰胎、灰白灰黄胎、浅褐红色胎体有较大区别，手感差异明显。

23. 当代仿战国硬陶把杯 该仿品与真品较类似，仿制水平较高，主要问题有四：一是器型与真品有差异，腹部以下至圈足没有微微外张，显得不够敦厚；二是整体不够硬朗挺括，烧结温度也不够；三是器表无战国时期真品的包浆与窑汗，做旧痕迹明显；四是胎体生硬，与战国时期印纹硬陶的灰胎、灰白或灰黄胎胎体有较大区别，与真品差异较明显。

24. 当代仿战国麻布纹硬陶把杯 该仿品与真品较类似，仿制水平较高，主要问题有五：一是整体质感偏生偏新，器表人为做旧痕迹明显；二是器型与真品有差异，过于饱满，腹部以下至圈足内收不够，显得器型不够秀美；三是烧结温度比真品偏低，整体不够硬朗挺括，特别是口沿不够细薄规整，腹两侧贴塑饰物不如真品细腻灵动；四是器表麻布纹不如真品清爽利落，力度不足；五是胎体较疏松，与战国时期麻布纹硬陶的细腻青灰胎体有较大差距。

参考文献

1 江苏省文物管理委员会:《江苏丹徒烟墩山西周墓及附葬坑出土的小器物补充资料》,《文物参考资料》1956 年第 1 期。

2 安徽省文物管理委员会、安徽省博物馆:《寿县蔡侯墓出土遗物》,科学出版社,1956 年。

3 王士伦:《浙江萧山进化区古代窑址的发现》,《考古通讯》1957 年第 2 期。

4 朱江:《江苏南部"硬陶与釉陶"遗存清理》,《考古通讯》1957 年第 3 期。

5 湖南省博物馆(文道义):《长沙楚墓》,《考古学报》1959 年第 1 期。

6 殷涤非:《安徽屯溪西周墓葬发掘报告》,《考古学报》1959 年第 4 期。

7 李仰松:《从佤族制陶探讨古代陶器制作上的几个问题》,《考古》1959 年第 5 期。

8 张季:《西双版纳傣族的制陶技术》,《考古》1959 年第 9 期。

9 陈桥驿:《古代鉴湖兴废和山会平原的农田水利》,《地理学报》1962 年第 3 期。

10 江西省文物管理委员会(秦光杰、刘玲、彭适凡):《江西修水山背地区考古调查与试掘》,《考古》1962 年第 7 期。

11 莫稚:《广东始兴白石坪山战国遗址》,《考古》1963 年第 4 期。

12 朱伯谦:《浙江东阳象塘窑址调查记》,《考古》1964 年第 4 期。

13 广东省文物管理委员会、华南师范学院历史系(莫稚、李始文、黄宝权):《广东曲江鲶鱼转、马蹄坪和韶关走马岗遗址》《考古》1964 年第 7 期。

14 林声:《云南傣族制陶术调查》,《考古》1965 年第 12 期。

15 竺可桢:《中国近五千年来气候变迁的初步研究》,《考古学报》1972 年第 1 期。

16 李知宴:《关于原始青瓷的初步探索》,《文物》1973 年第 2 期。

17 广东省博物馆、肇庆市文化局发掘小组:《广东肇庆市北岭松山古墓发掘简报》,《文物》1974 年第 11 期。

18 李科友、彭适凡:《略论江西吴城商代原始瓷器》,《文物》1975 年第 7 期。

19 江西省博物馆、清江县博物馆、北京大学历史学考古专业:《江西清江吴城商代遗址发掘简报》,《文物》1975 年第 7 期。

20 镇江博物馆、溧水县文化馆(刘兴、吴大林):《江苏溧水发现西周墓》,《考古》1976 年第 4 期。

21 甘肃省博物馆文物队:《甘肃灵台白草坡西周墓》,《考古学报》1977 年第 2 期。

22 南波:《吴县唯亭公社夷陵山出土印纹陶、釉陶器物》,《文物》1977 年第 7 期。
23 广西壮族自治区文物工作队:《平乐银山岭战国墓》,《考古学报》1978 年第 2 期。
24 李家治:《我国瓷器出现时期的研究》,《硅酸盐学报》1978 年第 3 期。
25 黄宣佩、孙维昌:《上海地区几何印纹陶遗存的分期》,1978 年 7 月。
26 镇江市博物馆浮山果园古墓发掘组:《江苏句容浮山果园土墩墓》,《考古》1979 年第 2 期。
27 绍兴县文物管理委员会(朱伯谦):《浙江绍兴富盛战国窑址》,《考古》1979 年第 3 期。
28 刘兴:《镇江地区出土的原始青瓷》,《文物》1979 年第 3 期。
29 铁山中学等:《福建政和县发现春秋时代的青铜兵器和印文陶器》,《考古》1979 年第 6 期。
30 张之恒:《关于我国东南沿海地区印纹陶的探讨》,《南京大学学报(哲学社会科学丛刊)》1979 年,第 65-72 页。
31 郭演义、王寿英、陈尧成:《中国历代南北方青瓷的研究》,《硅酸盐学报》1980 年第 3 期。
32 程应林、刘诗中:《江西贵溪崖墓发掘简报》,《江西历史文物》1980 年第 4 期。
33 李学勤:《从新出青铜器看长江下游文化的发展》,《文物》1980 年第 8 期。
34 江西省博物馆、贵溪县文化馆:《江西贵溪崖墓发掘报告》,《文物》1980 年第 11 期。
35 李伯谦:《我国南方几何形印纹陶遗存的分区、分期及其有关问题》,《北京大学学报(哲学社会科学版)》1981 年第 1 期,第 38-56 页。
36 固始侯古堆一号墓发掘组:《河南固始县侯古堆一号墓发掘简报》,《文物》1981 年第 1 期。
37 陈文华:《几何印纹陶与古越族的蛇图腾崇拜——试论几何印纹陶纹饰的起源》,《考古与文物》1981 年 2 月。
38 牟永抗:《浙江的印纹陶》,《文物集刊》3 期,文物出版社,1981 年。
39 朱伯谦:《浙江上虞发现的东汉瓷窑窑址》,《文物》1981 年第 10 期。
40 夏星南:《浙江长兴发现东周铜器》,《文物》1981 年第 12 期。
41 黄宣佩等:《略论太湖地区几何印纹陶遗存的分期》,上海博物馆馆刊(一),1981 年,第 114-119 页。
42 牟永抗、毛兆廷:《江山县南区古遗址、墓葬调查试掘》,《浙江省文物考古所学刊》,文物出版社,1981 年。
43 陈桥驿:《浦阳江下游的河道变迁》,《历史地理》创刊号,上海人民出版社,1981 年。
44 宋伯胤:《关于我国瓷器渊源问题的探讨》,见《中国古陶瓷论文集》,文物出版社,1982 年。
45 叶宏明、曹鹤鸣、程朱海:《关于我国陶器向青瓷发展的工艺探讨》,《中国古陶瓷论文集》,文物出版社,1982 年。
46 李炳辉:《论瓷器的起源及陶与瓷的关系》,见《中国古陶瓷论文集》,文物出版社,1982 年。
47 冯先铭等主编:《中国陶瓷史》,文物出版社,1982 年。
48 中国硅酸盐学会:《中国陶瓷史》,文物出版社,1982 年。
49 安金槐:《对于我国瓷器起源问题的初步探讨》,见《中国古陶瓷论文集》,文物出版社,1982 年,第 103-109 页。
50 叶宏明:《浙江古代黑釉瓷器》,《中国陶瓷》1982 年第 1 期。
51 姚仲源:《浙江德清出土的原始青瓷器》,《文物》1982 年第 4 期。
52 曾广亿:《广东古陶瓷窑炉及有关问题初探》,《中国考古学会第二次年会论文集(1980)》,文物出版社，1982 年。
53 刘新园:《高岭土史考——兼论瓷石、高岭与景德镇十至十九世纪的制瓷业》,《中国陶瓷》1982 年第 7 期增刊（古陶瓷研究专辑）。
54 湖南省博物馆:《湖南资兴市战国墓》,《考古学报》1983 年第 1 期。
55 熊传新:《记湘西新发现的虎钮錞于》,《江汉考古》1983 年第 2 期。
56 王业友:《浅谈屯溪出土的原始瓷器》,《安徽文博》1983 年第 3 期。
57 绍兴市文管会:《绍兴发现两件句鑃》,《考古》1983 年第 4 期。
58 沙孟海:《配儿句鑃考释》,《考古》1983 年第 4 期。
59 曹锦炎:《绍兴坡塘出土徐器铭文及其相关问题》,《文物》1984 年第 1 期。
60 浙江省文物管理委员会、浙江省文物考古所、绍兴地区文化局、绍兴市文管会（牟永抗）:《绍兴 306 号墓发掘简报》,《文物》1984 年第 1 期。
61 衢州市文管会:《浙江衢州市发现原始青瓷》,《考古》1984 年第 2 期。
62 朱伯谦:《试论我国古代的龙窑》,《文物》1984 年第 3 期。
63 镇江博物馆、丹徒县文管会（肖梦龙）:《江苏丹徒大港母子墩西周铜器墓发掘简报》,《文物》1984 年第 5 期。
64 贡昌:《浙江衢州西山西周土墩墓》,《考古》1984 年第 7 期。
65 刘建国:《江苏丹徒县石家墩西周墓》,《考古》1984 年第 8 期。
66 李毅华:《浙江绍兴富盛窑——兼谈原始青瓷》,《中国古代窑址调查发掘报告集》，文物出版社，1984 年。
67 吴洪:《岳阳费家河商代窑址调查》,《景德镇陶瓷》总 26 期，1984 年。
68 广东省博物馆、汕头地区文管站、普宁县博物馆（杨少祥、陈瑞和、吴雪彬）:《广东普宁虎头埔古窑发掘简报》,《文物》1984 年第 12 期。
69 李家治:《原始瓷的形成与发展》,《中国古代陶瓷科学技术成就》第 132—145 页，上海科学技术出版社，1985 年。
70 湖南省博物馆、岳阳地区文物工作队、岳阳市文物管理所（何介钧、张中一、符铉、吴宏）:《湖南岳阳费家河商代遗址和窑址的探掘》,《考古》1985 年第 1 期。
71 张翔:《浙江萧山杜家村出土西周甬钟》,《文物》1985 年第 4 期。
72 河北省文物研究所:《藁城台西商代遗址》，文物出版社，1985 年。
73 浙江省文物考古研究所、海盐县博物馆（芮国耀）:《浙江海盐出土原始瓷乐器》,《文物》，1985 年第 8 期。
74 张祖方、严飞、周晓陆:《江苏丹徒磨盘墩周墓发掘简报》,《考古》1985 年第 11 期。
75 刘建国、吴大林:《溧水宽广墩墓出土器物》,《文物》1985 年第 12 期。
76 镇江市博物馆等:《江苏溧水乌山西周二号墓清理简报》,《文物资料丛刊》第 2 期。
77 张长寿:《商周原始瓷器》,《中国大百科全书·考古学》，中国大百科全书出版社，1986 年。
78 罗西章:《扶风出土的古代瓷器》,《文博》1986 年第 4 期。
79 浙江省磐安县文管会（赵一新）:《浙江东阳六石西周土墩墓》,《考古》1986 年第 9 期。
80 曹锦炎:《春秋初期越为徐地说新证》,《浙江学刊》1987 年第 1 期。
81 江西文物工作队、鹰潭市博物馆（李家和、杨巨源、黄水根）:《鹰潭角山商代窑址试掘简报》,

《江西历史文物》1987 年第 2 期。
82 周广明、吴诗池、李家和:《清江吴城遗址第六次发掘的主要收获》,《江西历史文物》1987 年第 2 期。
83 丁清贤:《试论中国瓷器的起源》,《文博》1987 年第 3 期。
84 沈作霖、高军:《绍兴吼山和东堡两座窑址的调查》,《考古》1987 年第 4 期。
85 浙江省文物考古研究所(胡继根):《浙江上虞县商代印纹陶窑址发掘简报》,《考古》1987 年第 11 期。
86 镇江博物馆:《江苏镇江谏壁王家山东周墓》,《文物》1987 年第 12 期。
87 彭适凡:《中国南方古代印纹陶》,文物出版社,1987 年,第 392-402 页。
88 李家治:《浙江江山泥釉黑陶及原始瓷的研究》,《中国古陶瓷研究》,科学出版社,1987 年。
89 张福康:《中国古陶瓷研究》,科学出版社,1987 年。
90 淮阴市博物馆(王立仕):《淮阴高庄战国墓》,《考古学报》1988 年第 2 期。
91 江苏省丹徒考古队(张敏、刘丽文):《江苏丹徒北山顶春秋墓发掘报告》,《东南文化》1988 年第 3、4 期合刊。
92 方志良:《诸暨县文物志》,1988 年,内部资料。
93 董楚平:《吴越文化新探》,浙江人民出版社,1988 年。
94 李玉林:《吴城商代龙窑》,《文物》1989 年第 1 期。
95 安金槐:《河南原始瓷器的发现与研究》,《中原文物》1989 年第 3 期。
96 安徽省文物考古研究所:《安徽南陵千峰山土墩墓》,考古》1989 年第 3 期。
97 林忠干:《福建出土原始青瓷的初步研究》,《东南文化》Z1 期,1989 年。
98 杨楠:《黄岩小人尖西周时期土墩墓》,《浙江省文物考古研究所学刊》。
99 俞天舒:《中国黑瓷创烧时代及地点新说》,《东南文化》1989 年第 6 期。
100 余杭县文物管理委员会:《浙江省余杭崇贤战国墓》,《东南文化》1989 年第 6 期。
101 沈德祥:《浙江省余杭崇贤战国墓》,《东南文化》1989 年第 6 期。
102 曹锦炎:《浙江出土商周青铜器初论》,《东南文化》1989 年第 6 期。
103 陈桥驿:《越族的发展与流散》,《东南文化》1989 年第 6 期。
104 邹厚本:《江苏南部土墩墓》,《文物资料丛刊》第 6 期。
105 朱建明:《浙江德清原始青瓷窑址调查》,《考古》1989 年第 9 期。
106 李刚:《再论瓷器起源》,《东南文化》,1990 年第 Z1 期。
107 李刚:《古瓷新探》,浙江人民出版社,1990 年。
108 杨楠:《慈溪市彭东、东安的土墩墓》,《浙江省文物考古研究所学刊 1980-1990》。
109 陈元甫:《浙江长兴县便山土墩墓发掘报告》,《浙江省文物考古研究所学刊 1980-1990》。
110 周燕儿:《浙江绍兴县出土一批原始青瓷器》,《江西文物》1990 年第 1 期。
111 江西文物工作队、鹰潭市博物馆(李家和、杨巨源、黄水根):《鹰潭角山商代窑址试掘简报》,《华夏考古》1990 年第 1 期。
112 殷涤非:《安徽屯溪墓第二次发掘》,《考古》1990 年第 3 期。
113 任大根、陈兴吾:《浙江湖州古窑址调查》,见《中国古陶瓷研究》第 3 辑,紫禁城出版社,1990 年。

114 朱伯谦:《朱伯谦论文集》，紫禁城出版社，1990 年。
115 陆建方:《初论马桥——肩头弄文化》,《东南文化》1990 年第 1、2 期合刊。
116 广州市文物管理委员会、中国社会科学院考古研究所、广东省博物馆:《西汉南越王墓》，文物出版社，1991 年。
117 毛兆廷:《瓷器起源新说》,《东南文化》1991 年第 Z1 期。
118（英国）简·迪威斯著，熊廖译:《欧洲陶瓷史》，浙江美术学院出版社，1991 年。
119 符杏华:《浙江绍兴两处东周窑址的调查》,《东南文化》1992 年第 6 期。
120 尹志红:《嵊县出土的陶瓷器》,《东南文化》1992 年第 6 期。
121 董楚平:《吴越徐舒金文集释》，浙江古籍出版社，1992 年。
122 牟永抗:《高祭台类型初析》,《浙江省文物考古研究所学刊》，科学出版社，1993 年。
123 浙江省文物考古研究所（陈元甫）:《浙江长兴县土墩墓发掘报告》,《浙江省文物考古研究所学刊》第 2 辑，科学出版社，1993 年。
124 郭羽、申夏:《关于鹰潭角山商代窑址记数陶文的几个问题》,《南方文物》1993 年第 3 期。
125 廖根深:《中原商代印纹陶、原始瓷烧造地区的探讨》,《考古》1993 年第 10 期。
126 浙江省文物考古研究所:《浙江长兴县石狮土墩墓发掘简报》，浙江省文物考古研究所编:《浙江省文物考古研究所学刊（1993）》，科学出版社，1993 年。
127 南京博物院:《北阴阳营》，文物出版社，1993 年。
128《中国文物精华（1993）》，文物出版社，1993 年。
129 周燕儿:《试论越国陶瓷业的大发展》,《南方文物》1995 年第 1 期。
130 周燕儿:《绍兴越窑装烧工艺初探》,《文物研究》第 10 期（中国古陶瓷研究会 95 年会论文集），黄山书社，1995 年。
131 熊海堂:《东亚窑业技术发展与交流史研究》，南京大学出版社，1995 年。
132 北京市文物研究所:《琉璃河西周燕国墓地》，文物出版社，1995 年。
133 朱凤瀚:《古代中国青铜器》，南开大学出版社，1995 年。
134 孙华:《半球形器用途略考》,《南方文物》1995 年第 1 期。
135 北京大学考古系等:《天马——曲村遗址北赵晋侯墓地第五次发掘》,《文物》1995 年第 7 期。
136 苏州博物馆:《江苏苏州浒墅关真山大墓的发掘》,《文物》1996 年第 2 期。
137 罗宏杰等:《北方出土原始瓷烧造地区的研究》,《硅酸盐学报》1996 年第 3 期，第 39–52 页。
138 廖根深:《试论角山窑的年代、分期及其相关问题》,《考古》1996 年第 5 期。
139 周燕儿:《绍兴出土的越国原始青瓷的初步研究》,《考古与文物》1996 年第 6 期。
140 柴福有:《浙江江山出土青铜编钟》,《文物》1996 年第 6 期。
141 陈佩芬:《吴王夫差盉》,《上海博物馆集刊》第 7 期，上海书画出版社，1996 年。
142 曹锦炎:《朱句钟跋》,《于省吾教授百年诞辰纪念文集》，吉林大学出版社，1996 年。
143 浙江省文物考古研究所、绍兴县文物保护管理所（田正标、陈元甫）:《绍兴陶里壶瓶山遗址发掘简报》,《浙江省文物考古研究所学刊》，长征出版社，1997 年。
144 上海市文物管理委员会:《上海市闵行区马桥遗址 1993 年 –1995 年发掘报告》,《考古学报》1997 年第 2 期。
145 陈铁梅、Rapp G Jr、荆志淳、何驽:《中子活化分析对商时期原始瓷产地的研究》,《考古》

1997 年第 7 期。
146 林巳奈夫（日本）:《关于长江中下游青铜器的若干问题》,《吴越地区青铜器研究论文集》，两木出版社，1997 年。
147 江西博物馆等:《新干商代大墓》，文物出版社，1997 年。
148 周燕儿:《对绍兴出土战国权形器的思考》,《江汉考古》1998 年第 1 期。
149 郭强:《中国瓷釉探源》,《装饰》1998 年第 1 期。
150 罗宏杰、李家治:《试论原始瓷器的定义》,《考古》1998 年第 7 期。
151 李家治:《中国科学技术史·陶瓷卷》，科学出版社，1998 年。
152 杨楠:《江南土墩遗存研究》，民族出版社，1998 年。
153 中国社会科学院考古研究所等:《夏县东下冯》，文物出版社，1998 年。
154 毛昭晰:《从羽人纹饰看羽人源流》,《河姆渡文化研究》，杭州大学出版社，1998 年。
155 绍兴市文物管理处:《越国文化》，上海社会科学出版社，1998 年。
156 安金槐:《试论洛阳西周墓出土的原始瓷器》，见《安金槐考古文集》，中州古籍出版社，1999 年。
157 安金槐:《对于我国原始瓷器起源问题的探讨》，见《安金槐考古文集》，中州古籍出版社，1999 年。
158 杨楠:《商周时期江南地区土墩遗存的分区研究》,《考古学报》1999 年第 1 期。
159 潘林荣:《湖州黄梅山原始瓷窑址调查简报》,《东方博物》1999 年第 4 期。
160 陈元甫:《二十年来浙江商周时期考古工作的主要收获》，见浙江省文物考古研究所编《纪念浙江省文物考古研究所建所二十周年论文集》，西泠印社，1999 年。
161 陈元甫:《论浙江地区土墩墓分期》，见浙江省文物考古研究所编《纪念浙江省文物考古研究所建所二十周年论文集》，西泠印社，1999 年。
162 孙国平、王海明、王屹峰:《杭金衢高速路考古发掘获可喜成果》,《中国文物报》1999 年 10 月 6 日第 1 版。
163 苏州博物馆（钱公麟、朱伟峰、陈近端）:《真山东周墓——吴楚贵族墓地的发掘与研究》，文物出版社，1999 年。据推断墓主人可能为春秋晚期偏早阶段的吴王寿梦。
164 江西省博物馆、江西省文物考古研究所（彭适凡）:《江西省考古五十年》,《新中国考古五十年》，文物出版社，1999 年。
165 湖南省文物考古研究所（何介钧）:《湖南省考古五十年》,《新中国考古五十年》，文物出版社，1999 年。
166 高至喜:《楚文化图典》，湖北教育出版社，2000 年。
167《瓷器的诞生——原始瓷》，山口县立萩美术馆、浦上纪念馆，2000 年，第 10 页。
168 杨楠:《论商周时期原始瓷器的区域特征》,《文物》2000 年第 3 期。
169 宋建:《马桥文化原始瓷和印纹硬陶研究》,《文物》2000 年第 3 期。
170 叶文程、何英德:《略论中国古代瓷器的源流》,《陶瓷研究》2000 年第 9 期。
171《德清宅前窑址发掘》,《浙江文物年鉴（2000）》，内部资料。
172《余杭文物志》，中华书局，2000 年。
173 田正标、王屹峰、施加农、陈元甫:《萧山长山发掘商周土墩墓》,《中国文物报》2000 年 7 月 30 日第一版。

174 施加农、王屹峰:《萧山文物》，西泠印社出版社，2000 年版。
175 蒋明明:《谈绍兴出土的印纹陶与原始瓷》,《南方文物》2001 年第 1 期。
176 李荣华、周广明、杨彩娥、赵建华:《鹰潭角山发现大型商代窑址》,《中国文物报》2001 年 3 月 21 日。
177 湖北省文物考古研究所:《盘龙城——1963—1994 年考古发掘报告》，文物出版社，2001 年。
178 浙江省文物考古研究所、德清县博物馆:《浙江德清县独仓山及南王山土墩墓发掘报告》,《考古》，2001 年第 10 期。
179 蒋赞初:《关于我国早期南方青瓷的发展问题》,《长江中下游历史考古论文集》，科学出版社，2001 年。
180 绍兴县文物保护管理所（蔡晓黎、沈作霖）:《浙江绍兴凤凰山战国木椁墓》,《文物》2002 年第 2 期。
181 黄水根、申夏:《吴城商代遗址窑炉的新发现》,《南方文物》2002 年第 2 期。
182 浙江省文物考古研究所（陈元甫）:《余姚老虎山一号墩发掘》,《沪杭甬高速公路考古报告》，文物出版社，2002 年。
183 上海市文物管理委员会（宋建）:《马桥：1993-1997 年发掘报告》，上海书画出版社，2002 年。
184 浙江省文物考古研究所、绍兴县文物局:《印山越王陵》，文物出版社，2002 年。
185 曹锦炎:《记新发现的越王不寿剑》,《文物》2002 年第 2 期。
186 孙国平:《宁绍地区史前文化遗址地理环境特征及相关问题探索》,《东南文化》2002 年第 3 期。
187 陈佩芬:《说磬》,《上海博物馆集刊》第 9 期，上海书画出版社，2002 年。
188 上海市文物管理委员会（张明华）:《上海奉贤县江海遗址 1996 年发掘简报》,《考古》2002 年第 11 期。
189《绍兴县文物志》，浙江古籍出版社，2002 年。
190 陈元甫等:《浙江绍兴袍古遗址发掘又获重大收获》,《浙江文物年鉴 2003 年》。
191 汪宁生:《云南傣族制陶的民族考古学研究》,《考古学报》2003 年第 2 期。
192 孙天健:《原始瓷器的发明及其里程碑意义》,《中国陶瓷》2003 年第 3 期。
193《九如堂古陶瓷藏品》，九如堂，2003 年。
194 施劲松:《长江流域青铜器研究》，文物出版社，2003 年。
195 郑小炉:《东南地区春秋战国时期的“镇”》,《边疆考古研究》2003 年第 2 辑。
196 宋伯胤:《周原出土青瓷器探索》，见《宋伯胤说陶瓷》，上海古籍出版社，2003 年。
197 安吉县博物馆（程亦胜）:《安吉文物精华》，文物出版社，2003 年。
198 刘毅:《商周印纹硬陶与原始瓷器研究》,《华夏考古》，2003 年第 3 期。
199 梁中合:《山东地区商周时期原始瓷器的发现与研究》,《东南文化》2003 年第 7 期。
200 李刚:《古代龙窑研究》,《东方博物》第 12 辑，浙江大学出版社，2004 年。
201 陈元甫:《绍兴印山越国王陵陵园制度初探》,《东南文化》2004 年第 3 期。
202 孙荣华:《太湖流域浙江东苕溪沿途古窑址调查与思考》,《故宫文物月刊》总 257 期，2004 年 8 月。
203 王屹峰、朱倩:《浙江萧山永兴河流域六朝青瓷窑址》,《东方博物》第 13 辑，浙江大学出版社，2004 年。

204 秦伟:《长河落日——早期青瓷随笔》，湖北美术出版社，2004 年。

205 河南省文物考古研究所:《固始县侯古堆春秋墓》，大象出版社，2004 年。

206 顾幼静:《中国早期半倒焰窑的发展过程》,《东方博物》第 24 辑，浙江大学出版社，2004 年。

207 浙江省博物馆（梁晓艳、王屹峰）:《越魂—— 历久弥新的民族精神》，浙江人民美术出版社，2004 年。

208 曹锦炎:《越王得居戈考释》,《古文字研究》第 25 辑，中华书局，2004 年。

209 李刚:《制瓷工艺偶记》,《东方博物》，2005 年 3 月刊。

210 周燕儿、蔡晓黎:《绍兴出土的印纹硬陶和原始青瓷器》,《东方博物》第 14 辑，浙江大学出版社，2005 年。

211 浙江省文物考古研究所、湖州市博物馆（胡继根）:《浙江省湖州市杨家埠古墓发掘报告》,《浙江省文物考古研究所学刊》第 7 辑，杭州出版社，2005 年。

212 江西省文物考古研究所、樟树市博物馆:《吴城——1973—2002 年考古发掘报告》，科学出版社，2005 年。

213 周广明:《吴城遗址原始瓷分析》,《吴城——1973-2002 年考古发掘报告》附录六，科学出版社，2005 年。

214《萧山发现春秋战国窑址》,《浙江文物年鉴（2005）》，内部资料。

215 刘勤:《论仪征出土的汉代原始瓷》,《东南文化》2005 年第 2 期。

216 王岳群:《江苏武进淹城龙墩墓葬发掘简报》,《东南文化》2005 年第 3 期。

217 浙江省文物考古研究所、萧山博物馆（沈岳明、王屹峰）:《萧山前山窑址发掘简报》,《文物》，2005 年第 5 期。

218 马起来:《安徽屯溪出土的西周原始青瓷》,《中国书画》2005 年第 9 期。

219 陈元甫等:《安吉县发掘大树墩商周遗址》,《浙江文物年鉴 2005 年》

220 李国梁、方林:《屯溪土墩墓发掘报告》，安徽人民出版社，2006 年。

221 福建博物院（陈明忠）:《浦城仙阳商周窑址发掘的初步收获》,《福建文博》2006 年第 1 期。

222 徐建清、周润垦:《宜兴潢潼土墩墓群发掘报告》,《东南文化》2006 年第 6 期。

223 安吉县文物保护管理所（程永军、周意群）:《浙江安吉出土春秋青铜盉》,《文物》2006 年第 11 期。

224 朱建明:《浙江德清战国原始青瓷制作工艺初探—— 江苏无锡鸿山越国贵族墓原始青瓷器的产地》,《中国古陶瓷研究》第 12 辑，紫禁城出版社，2006 年。

225 浙江省文物考古研究所、湖州市博物馆（方向明、闵泉）:《毗山》，文物出版社，2006 年。

226 李国梁主编:《屯溪土墩墓发掘报告》，安徽人民出版社，2006 年。

227 王屹峰:《浙江原始瓷及印纹硬陶窑址群的调查与研究》,《中国古陶瓷研究》，2006 年第 12 期。

228 彭明瀚:《新干大洋洲商墓的发现与研究》,《商代江南——江西新干大洋洲出土文物集萃》，中国社会科学出版社，2006 年。

229《商代江南——江西新干大洋洲出土文物集萃》，中国社会科学出版社，2006 年。

230 中国国家博物馆、广西壮族自治区博物馆:《瓯越遗粹：广西百越文化文物精品集》，中国社会科学出版社，2006 年。

231 安徽大学、安徽省文物考古研究所:《皖南商周青铜器》，文物出版社，2006 年。

232 浙江省文物考古研究所等:《浙江长兴县鼻子山越国贵族墓》,《文物》,2007 年第 1 期。
233 浙江省文物考古研究所、德清县博物馆(田正标、孙荣华):《独仓山与南王山——土墩墓报告》,科学出版社,2007 年。
234 张敏:《鸿山越墓出土礼器概说》,《鸿山越墓出土礼器》,文物出版社,2007 年。
235 吴隽、鲁晓珂、吴军明、邓泽群:《无锡鸿山越墓出土青瓷的分析研究》,《鸿山越墓发掘报告》,文物出版社,2007 年。
236 南京博物院、江苏省考古研究所、无锡市锡山区文管会(张敏):《鸿山越墓发掘报告》,文物出版社,2007 年。
237 萧山博物馆(施加农):《萧山古陶瓷》,文物出版社,2007 年。
238 曹锦炎:《配儿句鑃铭文跋》,《吴越历史与考古论丛》,文物出版社,2007 年。
239 洪丽娅:《杭州半山战国墓出土玉石器材质研究》,《东方博物》第 24 辑,浙江大学出版社,2007 年。
240 郑小炉:《吴越和百越地区周代青铜器研究》,科学出版社,2007 年。
241 绍兴县文化发展中心(冯键):《越地遗珍》,西泠印社出版社,2007 年。
242 福建博物院、福建闽越王城博物馆(杨 琮、林繁德):《福建浦城县管九村土墩墓群》,《考古》2007 年第 7 期。
243 浙江省文物考古研究所、余姚市文物保护管理所、河姆渡遗址博物馆(孙国平、黄渭金):《浙江余姚田螺山新石器时代遗址 2004 年发掘简报》,《文物》,2007 年第 11 期。
244 蒋琳:《浙江博物馆藏出土先秦青铜兵器》,《东方博物》第 25 辑,浙江大学出版社,2007 年。
245 曹锦炎:《越国考古的重大发现与启迪—— 读鸿山越墓发掘报告》,《中国文物报》2008 年 1 月 30 日第 4 版。
246 浙江省文物考古研究所、安吉县博物馆:《浙江安吉龙山越国贵族墓》,《南方文物》2008 年第 3 期。
247 陈元甫、黄昊德、孟国平、邱宏亮、程永军、刘军幸、李永嘉:《浙江安吉龙山越国贵族墓》,《南方文物》2008 年第 3 期。
248 盛正岗:《余杭出土战国原始瓷及产地问题》,《东方博物》2008 年第 3 期。
249 陆明华:《原始青瓷与青瓷概念思考——兼述德清窑及鸿山考古的收获》,《东方博物》2008 年第 4 期。
250 孙新民、孙锦:《河南地区出土原始瓷的初步研究》,《东方博物》2008 年第 4 期。
251 徐军:《浙江东汉龙窑初探》,《故宫博物院院刊》2008 年第 4 期。
252 王屹峰:《原始瓷仿青铜器的两个高峰》,《典藏》2008 年第 5 期。
253 郑建明、陈元甫、周建忠:《瓷之源——原始瓷与德清窑学术研讨会纪要》,《文物》,2008 年第 8 期。
254 郑建明、陈元甫、周建忠、施然:《瓷之源学术研讨会纪要》,《文物》2008 年第 9 期。
255 德清县博物馆:《瓷之源——原始瓷与德清窑学术研讨会(展览图集)》,德清县博物馆编,2008 年。
256 浙江省文物考古研究所、故宫博物院、德清县博物馆(郑建明、冯小琦、周建忠):《德清火烧山—原始瓷窑址发掘报告》,文物出版社,2008 年。
257 洪丽娅:《越国玉石器及早期昌化石研究》,《东方博物》第 29 辑,浙江大学出版社,2008 年。

258 孙庆伟:《周代用玉制度研究》，上海古籍出版社，2008 年。
259 杨正宏、肖梦龙:《镇江出土吴国青铜器》，文物出版社，2008 年。
260 浙江省博物馆:《瓷之源——德清原始瓷窑址考古成果暨原始瓷精品展》，中国文化艺术出版社，2009 年版。
261 田正标、夏朝日、黄昊德、邱宏亮:《浙江安吉笔架山春秋战国墓葬发掘简报》，《东南文化》2009 年第 1 期。
262 朱建明:《浙北东苕溪流域的古代越国瓷业》，见《南方文物》2009 年第 2 期。
263 陈元甫:《越国贵族墓葬制葬俗初步研究》，《浙江省文物考古研究所学刊》第 9 辑，科学出版社，2009 年。
264 胡继根:《试论汉代的高温釉陶》，《浙江省文物考古研究所学刊》第 9 辑，科学出版社，2009 年。
265 浙江省文物考古研究所（陈元甫）:《浙江越墓》，科学出版社，2009 年。
266 管丹平、朱华东:《皖南出土青铜矛研究》，《东方博物》第 31 辑，浙江大学出版社，2009 年。
267 王屹峰:《绍兴 306 号墓出土的伎乐铜屋初探》，《东方博物》第 32 辑，浙江大学出版社，2009 年
268 王屹峰:《绍兴 306 号墓出土的伎乐铜屋再探》，《东方博物》第 32 期，浙江大学出版社，2009 年。
269 费玲伢:《越国乐器研究》，《南方文物》2009 年第 2 辑。
270 秦伟:《悠悠青瓷》，紫禁城出版社，2009 年。
271 沈岳明:《龙窑生产中的几个问题》，《文物》2009 年第 9 期。
272 张会安:《浅析新干大洋洲商代大墓陶瓷器的工艺特征》，《传承》2009 年第 11 期。
273 浙江省文物考古研究所、德清县博物馆:《浙江德清亭子桥战国窑址发掘简报》，《文物》2009 年第 12 期。
274 刘侃:《绍兴西施山遗址出土文物研究》，《东方博物》第 31 辑，浙江大学出版社，2009 年。
275 盛正岗:《余杭出土的战国时期原始瓷礼乐器及其产地初步分析》，《东方博物》第 27 辑。
276 淮阴市博物馆:《淮阴高庄战国墓》，文物出版社，2009 年。
277 孟国平:《试论商周时期浙江地区的原始瓷器》，《浙江省文物考古研究所学刊——纪念浙江省文物考古研究所成立 30 周年论文集》，第 9 辑，科学出版社，2009 年。
278 魏女:《早期青瓷研究》，博士论文。王汇文:《南方原始瓷研究》，博士论文。朱剑:《商周原始瓷产地研究》，博士论文。
279 郑建明:《战国原始瓷双头提梁壶功能考》，《浙江省文物考古研究所学刊——纪念浙江省文物考古研究所成立三十周年论文集》，第 9 辑。
280 朱国伟:《古越国乐器》，《中华文化画报》。
281 黄昊德:《角形器功能初探》，《浙江省文物考古研究所学刊》第 9 辑，科学出版社，2009 年。
282 周仁花:《富阳文物馆藏的几件先秦青铜器》，《东方博物》第 31 辑，浙江大学出版社，2009 年。
283 陈元甫、郑建明、周建忠、费胜成:《德清亭子桥战国窑址发掘的主要收获》，《东方博物》第 34 辑，浙江大学出版社，2010 年。
284 王屹峰:《中国古代青瓷中心产区早期龙窑研究》，《东方博物》第 34 辑，浙江大学出版社，2010 年。
285 王屹峰:《中国南方原始瓷窑业研究》，中国书店，2010 年。
286 王晓红:《上虞董村牛山战国墓清理》，《东方博物》第 36 辑，浙江大学出版社，2010 年。

287 刘宝山:《句鑃浅谈》,《江南文化》2010 年总第 217 期。
288 缪韵:《洛阳西周原始青瓷概述》,《四川文物》2010 年第 3 期。
289 扬州市文物考古研究所(束家平、薛炳宏):《江苏扬州西汉刘毋智墓发掘简报》,《文物》2010 年第 3 期。
290 丁兰:《鄂东楚墓出土原始瓷和印纹硬陶器现象与民族文化融合》,《中南民族大学学报(人文社科版)》2010 年 7 月第 4 期。
291 刘侃、陈元甫:《从绍兴博物馆新征集青铜镇看陶瓷半球形器的用途》,《东南文化》2010 年第 5 期。
292 李永军、孙研、王克飞:《江苏丹徒薛家村大墩、边墩土墩墓发掘简报》,《东南文化》2010 年第 5 期。
293 董忠耿:《对绍兴地区出土战国原始瓷器的几点认识》,《东方博物》第 40 辑。
294 郑嘉励、张盈:《三国西晋时期越窑青瓷的生产工艺及相关问题——以上虞尼姑婆山窑址为例》,《东方博物》第 35 辑,浙江大学出版社,2010 年。
295 俞珊瑛:《浙江出土青铜器研究》,《东方博物》第 36 辑,浙江大学出版社,2010 年。
296 陈元甫:《越国贵族墓随葬陶瓷礼乐器葬俗探论》,《文物》2011 年第 4 期。
297 王汇文:《越国原始瓷装饰与蛇图腾意象解析》,《装饰》2011 年第 4 期。
298 郑建明、陈元甫:《浙江东苕溪中游商代原始瓷窑址群》,《考古》2011 年第 7 期。
299 郑建明:《先秦时期出土原始瓷概述》,《原始瓷器研究》,故宫出版社,2014 年版。
300 施加农:《瓷器的曙光——萧山原始瓷器略论》,见《原始瓷器研究》,故宫出版社,2014 年版。
301 张敏:《江苏无锡鸿山越墓出土战国青瓷礼乐器概说》,见《原始瓷器研究》,故宫出版社,2014 年版。
302 刘丽文:《镇江出土原始青瓷的研究》,见《原始瓷器研究》,故宫出版社,2014 年版。
303 郑建明:《夏商原始瓷略论稿》,文物出版社,2015 年版。
304(西汉)司马迁:《史记》,中州古籍出版社,1993 年。
305《国语》:上海古籍出版社,1998 年。
306《吴越春秋》:周春生《吴越春秋辑校汇考》,上海古籍出版社,1997 年。
307《越绝书》:(东汉)袁康、吴平辑录,乐祖谋点校,浙江古籍出版社,1985 年。
308 今本《竹书纪年》:王国维校正《今本竹书纪年疏证》。

后记

审美容易，审丑难；趋时容易，慕古难。

时人多厚今而薄古，年轻、漂亮，诚如“网红”之盛行。古陶瓷收藏界亦相似，动辄上亿的拍品不是青花就是斗彩，绚烂之级，令人发狂。

但是，美的更高境界恐怕是一种看似丑的样式存在。这让我想起了庄子《人间世》和《德充符》中描写的大批外貌丑陋、畸形残缺的人：驼背、瘸腿、长瘤、豁嘴……但这些样貌奇丑的怪人却格外令人喜爱与敬重。究其原因，就是庄子所谓“德有所长而形有所忘”。外貌的奇丑反而更有力地表现了人内在的崇高精神和品格张力，这就是庄子留给后人的美学启示。当代美学家宗白华也认为：“庄子文章里所写的那些奇特人物大概就是后来唐、宋画家画罗汉时心目中的范本。”面对中国绘画、雕塑中的罗汉意象系列，闻一多也认为是“代表中国艺术中极高古、极纯粹的境界”，有很高的审美价值。我们不得不承认，这些外表奇丑、精神奇佳的人物形象为中国古典艺术长廊提供了一系列难能可贵的清丑奇特的高级审美意象。正如意大利哲学家、美学家翁贝托·艾柯所说：“美往往令人觉得乏味，因为人人知道美是什么，丑却有无限可能。”

这几段浮想联翩其实就是我和潘军兄这么多年来一直热衷于收藏、研究原始瓷与印纹硬陶的内在原因。这些看似没有华丽外表的瓶瓶罐罐穿越数千年，历经沧桑，风尘满面，在我们心头却是无比之美、无价之珍。因为你不了解它们，你就无法真正读懂中国陶瓷史；因为你不研究它们，你就不知道陶瓷工艺的来龙去脉；因为你不品味它们，你就失去了大朴不雕、大美不言的审美体验。

随着大众审美素养的不断提升与历史文化知识的渐次普及，近年来，高古陶瓷器物引起了更多世人的关注与喜好。社会收藏圈中的原始瓷与印纹硬陶自然也出现了良莠不齐、真伪混杂的现象。故此，我们将基于十余年原始瓷与印纹硬陶专项收藏的资料与心得和盘托出，不仅希望藉此抛砖引玉，而且期待更多的有识之士一起来珍视、研究、保护、传承原始瓷与印纹硬陶这份人类陶瓷工艺共同的源头财富。

写完此书，也是一段心路历程的小结，收藏的冷暖与甘苦，以这首七绝《收藏随感》为证：

节取锱铢远烟酒，惜陈恋旧掷千金。
痴心独寄尘器外，一鉴澄明览古今。

感谢著名古陶瓷学家、浙江省考古研究所任世龙研究员为本书审稿并提供宝贵意见，感谢资深藏家陈关龙先生提供部分藏品及影像资料，感谢浙江大学出版社冯社宁先生在此书编写出版过程中的帮助与协调。

吕天佑

二〇二一年八月十九日于杭州